朝 10 分で

エスニック弁当

なじみの食材 & 調味料でかんたん

エダジュン

g

アジアを旅して、目にする光景で好きなのは、
現地の人たちが屋台料理をテイクアウトしていく姿です。

バンコク屋台では、ビニール袋にガパオを入れて、輪ゴムでとめて渡され、
ソウル屋台では、プラスチック容器にキンパをつめてくれ、
台北では、駅弁で排骨飯がドーンとのっていたり。

あたたかくおいしいイメージのエスニック料理ですが、
実は冷めても味が染みておいしいものが多く、
弁当のおかずにピッタリなのでは？とのアイディアが、この本のはじまりでした。

エスニック料理は難しい調味料や食材を使うことが多いですが、
この本は、「スーパーで手に入る！」ということを念頭にレシピを組み立てました。
朝眠い目を擦りながら作れるように、
ほぼ１０分で作れるように、色々とアレンジレシピが満載です。

僕は普段から、エスニック料理をたくさん作っているのですが、
日本の中で「家庭料理の少し先にある料理」になってほしい！
と常々思いながら、レシピを作ってます。
本場とは違う作り方や組み合わせもあったり、和のエッセンスも取り入れているので、
どこか食べやすく、でも本場の味！をきっとこの本で感じていただけると思います。

お弁当作りは毎日の積み重ねなので、
無理なく続けられるように、そんな願いも込めて、
今日からエスニック弁当生活をはじめましょう！！

エダジュン

INDEX

INTRODUCTION ··· 002

エダジュン流 ゆるエスニック弁当のルール5 ················· 008

CHAPTER 1

10分で

お肉弁当

01 ガパオ弁当 ··· 014

02 甘辛パクチーつくね弁当 ······························· 015

03 台湾風からあげ弁当 ····································· 018

04 ラープ弁当 ··· 020

05 豚こまルーローハン弁当 ······························· 022

06 タンドリーチキン弁当 ··································· 024

07 ビーフジャーキーとクレソンの混ぜごはん弁当 ········· 026

08 ムーピン弁当 ··· 028

09 豚こま肉とアスパラの梅ナンプラー弁当 ············· 030

10 排骨飯（パイコーハン）弁当 ························· 032

11 カオマンガイの具弁当 ································· 034

12 三杯鶏（サンペイジー）弁当 ····················· 036

13 カオモックガイ風弁当 ································· 038

14 ビビンバ弁当 ··· 039

15 タッカルビ弁当 ·· 040

16 ナシゴレン弁当 ·· 041

17 ポッサム弁当 ··· 042

18 プルコギ弁当 ··· 043

19 タッチム弁当 ··· 044

20 ガイヤーン弁当 ·· 045

21 ムーマナオ弁当 ·· 046

22 ひき肉といんげんの台湾風そぼろ弁当 ············· 047

23 コムタム弁当 ··· 048

24 塩麻婆豆腐弁当 ·· 049

CHAPTER 2

10分で

お魚弁当

01 ブリとビーンズのカレーオイスター弁当 ‥‥‥‥‥‥‥ 054

02 シャケとれんこんの五香粉弁当 ‥‥‥‥‥‥‥‥‥‥‥ 055

03 サバ缶キーマカレー弁当 ‥‥‥‥‥‥‥‥‥‥‥‥‥‥ 058

04 ツナキムチーズキンパ弁当 ‥‥‥‥‥‥‥‥‥‥‥‥‥ 060

05 オジンオチュポックンのチュモッパ弁当 ‥‥‥‥‥‥‥ 062

06 さんま缶と青菜の黒こしょうバター炒め弁当 ‥‥‥‥ 064

07 ちくわとオクラのナンプラーマヨ弁当 ‥‥‥‥‥‥‥ 066

08 タラマヨ弁当 ‥‥‥‥‥‥‥‥‥‥‥‥‥‥‥‥‥‥‥ 068

09 かに風味天津飯弁当 ‥‥‥‥‥‥‥‥‥‥‥‥‥‥‥‥ 070

10 ヤムタレー弁当 ‥‥‥‥‥‥‥‥‥‥‥‥‥‥‥‥‥‥ 072

11 クッパッポンカリー弁当 ‥‥‥‥‥‥‥‥‥‥‥‥‥‥ 074

12 ブリと大根の黒酢ナンプラー弁当 ‥‥‥‥‥‥‥‥‥‥ 076

13 チェクミポックム弁当 ‥‥‥‥‥‥‥‥‥‥‥‥‥‥‥ 078

14 エビチリ弁当 ‥‥‥‥‥‥‥‥‥‥‥‥‥‥‥‥‥‥‥ 079

15 ヨノカンジョン弁当 ‥‥‥‥‥‥‥‥‥‥‥‥‥‥‥‥ 080

16 八宝菜風弁当 ‥‥‥‥‥‥‥‥‥‥‥‥‥‥‥‥‥‥‥ 081

17 カーコー弁当 ‥‥‥‥‥‥‥‥‥‥‥‥‥‥‥‥‥‥‥ 082

18 クンガディアム弁当 ‥‥‥‥‥‥‥‥‥‥‥‥‥‥‥‥ 083

CHAPTER 3

10分で

麺と パン弁当

01	パッタイ弁当	088
02	タイ風えびパンサンド弁当	089
03	台湾風和え麺弁当	092
04	ベトナム風汁なし和え麺弁当	094
05	さつま揚げの甘辛うどん弁当	096
06	ホッケンミー弁当	097
07	ミーゴレン弁当	098
08	韓国風BLTサンド弁当	099
09	バインミー弁当	100

COLUMN

1 **ナンプラーがあればかんたんに異国の味に**
パットマクア弁当　051
ベトナム風ツナとゴーヤの弁当　052
鶏むね肉とエリンギのナンプラー弁当　053

2 **オイスターソースは味付けの主役にも隠し味にもなる**
ひき肉とじゃがいものゆずこしょうオイスター弁当　085
豚こま肉とにんじんのレモンオイスター弁当　086
パットガラムプリームー弁当　087

3 **おいしさ長持ちお弁当調理のコツ3　102**

CHAPTER 4

作りおきできる
エスニック副菜

01	味たまの作りおき	104
02	たまご焼きの作りおき	106
03	ポテサラの作りおき	108
04	にんじんの作りおき	110
05	小松菜の作りおき	112
06	ブロッコリーの作りおき	114
07	ピーマンの作りおき	116
08	ごぼうの作りおき	118
09	きゃべつの作りおき	120
10	もやしの作りおき	122
11	きのこの作りおき	124
12	はるさめの作りおき	126

【本書について】

● 分量はレシピごとに表示しています。

● 大さじ1は15ml、小さじ1は5mlです。

● ひとつまみは親指と人差し指、中指の指3本でつまんだ量です。

● 野菜類のg数は目安です。

● 野菜類は、特に記載がない場合、洗う、皮をむくなどの下処理をすませたあとの手順から説明しています。

● しょうゆは濃口しょうゆ、バターは有塩タイプを使用しています。たまごは中サイズを使用しています。

【アイコンについて】

レシピ名横についている国旗イラストのアイコンは、それぞれの国と地域の味付けをイメージして作っています。

タイ　ベトナム　韓国　台湾　インド　インドネシア　中国　マレーシア　スリランカ

実食レポ　撮影時にスタッフが試食した感想です。ぜひ参考にしてください。

エダジュン流 # エスニック弁当

ルール1 身近な調味料を使って
気軽にエスニック料理を楽しもう

エスニック料理というと「調味料をそろえるのが大変そう」というイメージが強いかもしれませんが、本書で使うアジアの調味料は最小限。しかも近所のスーパーで手に入るものばかりです。最近では100円均一ショップで手に入るものも。扱いもかんたんなので、ぜひこの機会にそろえてみてください。

\ これだけそろえればOK！/

この本で主に使うアジアの調味料

ナンプラー

タイの伝統的な調味料で魚介類を発酵・熟成させた魚醤（ぎょしょう）。使うと旨みとコクがでます。

コチュジャン

「コチュ」＝唐辛子、「ジャン」＝醤（調味料）を意味する韓国の、甘辛い味の万能調味料です。

カレー粉

カレー料理に使われるスパイスを配合したミックススパイス。メーカーによって配合はさまざまです。

オイスターソース

主に中国料理で使われます。牡蠣が主な原料です。炒め物やスープなどさまざまな料理に使えます。

スイートチリソース

タイ料理やベトナム料理で使われる、辛み、甘み、酸み、塩気がバランスよく含まれたソースです。

五香粉（ウーシャンフェン）

中国や台湾で使われる5種類以上のスパイスをブレンドしたミックススパイス。臭み消しや香り付けに使われます。

豆板醤（トウバンジャン）

中国・四川地方が発祥の辛みの強いみそです。唐辛子やそら豆が主材料。強い辛みと塩気が特徴的です。

のルール5 朝10分でかんたん！

お手軽にエスニック感がだせる食材

桜えび

エスニック料理の魚介の風味を
かんたんにだすことができます。
えびの旨みと香ばしさがプラス
されます。

レモン汁

タイ料理などの酸味を再現する
のに使います。生を搾ったフレッ
シュなものがおすすめですが、
市販のものでもOK。

バターピーナッツ

ピーナッツやピーナッツバター
はタイ料理に欠かせないもの。
それをバターピーナッツで再現。
歯応えもプラスされます。

パクチー（香菜）

個性的な香りが特徴的なフレッ
シュハーブ。サラダやスープの
トッピング、煮込み料理によく
使われます。

セロリ

爽やかな風味が特徴の野菜。茎
は火を通してもシャキシャキの
歯応えがあり、葉はハーブの代
わりにもなります。

バジル

世界中で使われている、甘さも
ある香りが特徴のハーブです。
鮮やかなグリーンは、おかずに
鮮やかさをプラスします。

\ 節約にもなっちゃう /

コンビニで買えるこんな食材も使います！

魚の缶詰

生の魚を扱うのは苦手と
いう人も缶詰を使えばか
んたん！生焼けの心配も
なく手軽に魚料理を楽し
めます。

かに風味かまぼこ

魚のすり身を使ってかに
の風味を再現したかまぼ
こ。アジアで親しまれて
いるかに料理も、これを
使えばかんたん！

ちくわ

和食で使われるちくわも、
実はエスニックの味付け
がよく合います。味がし
っかりしているのでお弁
当にぴったり。

乾物

するめいかやビーフジャ
ーキーなどの乾物は、味
が濃くて料理に使うと調
味料が少なくても味が決
まります。

メインおかずは当日の朝１０分で作る
副菜は作りおきや市販品を活用！

慌ただしい朝だからお弁当作りは短時間ですませたもの。この本では「主菜1品」+「副菜1〜2品」の構成を中心にご提案。メインのおかず（主菜）は朝の10分でささっと作れるものばかり。

副菜は作りおきできるものに。週末などの時間が空いているときにかんたんに作れるものをP103〜紹介しています。

主菜

\ 10分で作る /

お肉やお魚のメインおかず

ほぼ3ステップで作れるメインおかず。タンパク質たっぷりで満足感のあるレシピです。

市販品も活用！

しば漬けやたくあん漬けはエスニックの味付けにも合います。彩りとしてもいいので常備しておくといいかも。

副菜

\ かんたんにできる /

作りおきおかず

主菜と副菜は同じ国の味付けにそろえる必要はありません。好きなものを組み合わせて楽しんでくださいね！

朝作るメインおかずは
調味料も工程も最小限でラクラク！

エスニック料理は作るのが大変、たくさんの調味料を使うという印象がありますが、本書でご紹介するレシピは3ステップ以下で作れるものがほとんど。使う調味料も最小限にして、作る手間を極力軽くしました。調理器具も基本はフライパンひとつ。電子レンジを使って爆速でできるおかずもあり、洗い物も少なくてすみます。

基本の調理ステップ

1　食材を切る

肉、魚、野菜などを切ります。切る食材は1〜3種類程度です。

2　炒める

フライパンなどで食材を炒めます。

3　味付けする

あらかじめ合わせておいた調味料で味付けします。バジルなどのハーブを使うときはこのあとにさっと加えます。

メインおかずはタンパク質たっぷりだから
品数が少なくても満足できる

この本でご紹介するお弁当は、品数が少なくても食べて満足できるお弁当にしました。そのためにメインおかずはタンパク質たっぷりに。味もしっかりめで白ごはんがすすむ味付けにしています。

お肉弁当

お手軽な鶏肉や豚バラ肉などがメイン。冷めても柔らかくておいしくなるコツも紹介しています。P14〜。

お魚弁当

魚はシャケ、ブリなど手に入りやすいものでボリュームたっぷりに仕上げています。缶詰を使ったお手軽レシピも。P 54〜。

麺とパン弁当も
P88〜紹介！

品数が少ないから
つめる手間も最小限で OK ！

アジアの現地で買うお弁当はごはんにざっとおかずをかけている「のっけスタイル」が主流。ぜひのっけ弁当でアジアを感じてください。ただ、汁気があるものはのっけにするとどうしても米に汁が染みてしまいます。おかずの汁気はお弁当の傷みの原因に。カップなどを使って分けてつめてください。

基本のつめ方

考えずにかんたん！のっけスタイル

ごはんをつめて冷ましておきます。

作ったあと粗熱をとったおかずをごはんの上にのせます。汁気はよく切ります。

作りおきなどの副菜を汁気をよく切ってつめます。

汁気が多いものはごはんと分けて

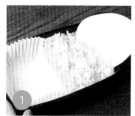

お弁当箱の半分にごはんをつめて冷ましておきます。もう半分におかずカップを入れておきましょう。

作ったあと粗熱をとったおかずをおかずカップに入れます。できるだけ汁気は切ります。

おかずカップの端を少し寄せてできた隙間に、汁気をよく切った作りおきなどの副菜をつめます。

お肉弁当

❖ MEAT BENTO ❖

MEAT : 01

ガパオ弁当

⇨ 作り方は P16

MEAT : 02

甘辛パクチーつくね弁当

⇒作り方は P17

一緒につめたもの
● ブロッコリーのガーリック蒸し
⇨ P114

ガパオ

ガパオとは、タイのホーリーバジルの意味で、
このレシピはスーパーで手に入るスイートバジルで代用して作っています。
現地では、ひき肉×バジルとシンプルな具材で作られていたりしますので、
極力材料は少なめにバジルの香りを楽しめるようにしてます。

❖ 材料（1人分）

鶏ももひき肉 … 100g
赤パプリカ … ½個(50g)
バジル … 葉6〜8枚
サラダ油 … 小さじ2
A｜ナンプラー 、
　｜オイスターソース
　｜… 各小さじ2

❖ 作り方

1 パプリカを切る

パプリカは1.5cmの角切りにする。

2 鶏肉とパプリカを炒める

フライパンに油をひき、中火で鶏肉をそぼろ
状に炒める。肉に半分ほど火がとおったら、
パプリカを炒める。

3 味付けしてバジルを加える

赤パプリカに火がとおったら、Aを加えて味
付けする。火をとめて、粗熱がとれたらバジル
をちぎって加えて混ぜる。

POINT

バジルは少し冷めてから加えるとより
香りがたってエスニック感が増し、お
弁当を食べるときまで香りが続きます。

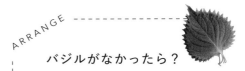

ARRANGE

バジルがなかったら？

大葉でも代用できます。大葉の香りで少し
和風なテイストになっておいしいです。バ
ジルパウダーなどでもOK！

 やっぱりバジルがあるだけでエスニック感がありますね。
バジルを買って作りたくなっちゃう(スタイリストH)

一緒につめたもの
- エリンギのスイチリバター ⇒ P125
- にんじんのソムタム風⇒ P110
- フリルレタス
- 刻みピーナッツ

甘辛パクチーつくね ⭐

パクチーの香りが鼻を抜ける、爽快なつくね弁当。
最後にスイートチリソースだけで味付けしますが、
フライパンが熱すぎると焦げてしまうので、
少しだけ火を弱めてから加えましょう。

❖材料（1人分）

鶏ももひき肉 … 100g
パクチー … 1束(20g)
スイートチリソース
　　… 大さじ1と½
サラダ油 … 小さじ2
A | すりおろししょうが、
　　| 酒、片栗粉 … 各小さじ1

❖作り方

1 パクチーを切る

パクチーはみじん切りにする。

2 材料を混ぜる

ボウルに鶏肉、パクチー、**A**を混ぜて、4つ
の俵型に成型する。

3 焼いて味付けする

フライパンに油をひき、中火で両面をカリッ
と焼く、途中、キッチンペーパーで余分な油
をふく。スイートチリソースを入れ、絡め炒
める。

POINT

味付けをする前にしっかりとキッチン
ペーパーで余分な油をふきとると、味
が染みやすくなり、冷めてもおいしい
です。

実食レポ　焼いているからパクチーの香りが飛んじゃっていると思ったけ
ど、冷めてもしっかり残っていておいしい！（カメラマンI）

台湾風からあげ弁当

台湾風からあげ 🇹🇼

台湾の大鶏排（タージーパイ）をイメージして作りました。
汁気があるタレに片栗粉を加えて揉み込むと、少しダマになります。それを揚げると
ザクザクな食感になります。それが現地っぽい仕上がりに！

❖材料（1人分）

鶏もも肉 … ½枚(120g)
塩 … ひとつまみ
酒、オイスターソース
　… 各小さじ2
五香粉 … 小さじ⅓
片栗粉 … 大さじ2
サラダ油 … 大さじ4

❖作り方

1 肉を切る

鶏肉を3～4cm大に切る。

2 肉に下味を付ける

ボウルに鶏肉、塩を揉み込み、酒、オイスターソース、五香粉をさらに加えて揉む。

3 揚げ焼きにする

2に片栗粉を揉み込み、フライパンに油を入れ、中火で鶏肉を3～4分ほど揚げ焼きにする。

カリッザクッを
楽しんで！

一緒につめたもの
● もやしのオイスター五香粉
　⇨ P122
● 台湾風ザーサイポテサラ
　⇨ P108

POINT

揚げ焼きにするときは皮目から焼くと
カリッザクッとした食感になります。

実食レポ 揚げ焼きなのに、普通に揚げたみたいに柔らかい！五香粉の香りもいいし、カリカリザクザクの食感も楽しい(カメラマンI)

ラープ弁当

ラープ 🍖

ラープは、タイやラオスの料理で、ひき肉のハーブサラダです。
本場ではスパイシーな味わいなので、今回は豆板醤で辛さをプラスしました！
また、本来は米を炒って粉砕した食感も味のアクセントになる料理なので、
ピーナッツで食感をプラスしました。

❖ 材料（1人分）

豚ひき肉 … 100g
小ねぎ … 2本
バターピーナッツ … 5粒
サラダ油 … 小さじ1
A レモン汁、ナンプラー
　　… 各小さじ2
　　豆板醤 … 小さじ¼

❖ 作り方

1 小ねぎを切る

小ねぎを3〜4cmの長さに切る。

2 材料を炒めて味付けする

フライパンに油をひき、中火で豚肉をそぼろ状に炒める。肉全体に火が入ったら、キッチンペーパーで余分な油をふきとり、**A**を加えて味付けして、汁気がなくなるまで炒め、火をとめる。

3 ねぎとピーナッツで仕上げる

2の粗熱がとれたら、小ねぎ、バターピーナッツと混ぜる。

POINT

余分な油がでやすいので、しっかりと油をふきとりましょう。味が染み込んで冷めてもおいしくなります。

一緒につめたもの
● ヤムウンセン ⇒ P127

ARRANGE - - - - - - - - - - - - - -

本格的にするには

小ねぎだけでシンプルに仕上げていますが、スペアミント、パクチー、紫玉ねぎなどを足しても、より本格的な味わいになります。

実食レポ レモンの酸味が食欲をそそります。レモン入りの炭酸水と一緒に食べたいお弁当ですね（スタイリストH）

MEAT : 05

豚こまルーローハン弁当

豚こまルーローハン

ルーローハンとは、台湾の豚肉を甘辛く煮た、台湾料理です。
このレシピは、豚こまをボール状にして煮込み時間を短縮したレシピに仕上げました。
薄力粉を全体にまぶすと、タレの染み込みがよくなります。

❖材料（1人分）

豚こま切れ肉 … 120g
玉ねぎ … ¼個（50g）
薄力粉 … 小さじ2
ごま油 … 小さじ2
A｜オイスターソース
　　　… 大さじ1と½
　｜五香粉 … 小さじ⅓

❖作り方

1 玉ねぎを切る

玉ねぎを5mm幅の薄切りにする。

2 豚こまボールを作る

豚肉は7〜8個の小さなボール状に成型して、薄力粉をまぶす。

3 肉を焼いて味付けする

フライパンにごま油をひき、中火で玉ねぎと2を転がしながら炒める。肉全体に焼き色がついたら、Aを加えて味付けをする。

POINT

豚こま肉は端っこからくるくると巻いてボール状にして、最後に手で丸めてかたちをととのえます。

一緒につめたもの

●黒酢味たま ⇒ P104
●小松菜のおかかナンプラー ⇒ P112

実食レポ　見た目は肉だんごなのに食べるとルーローハンで不思議！薄切り肉が重なっているから柔らかくて食べやすい（編集S）

タンドリーチキン弁当

タンドリーチキン

本来はヨーグルトを使いますが、
マヨネーズで作りました。
コクがでるだけではなく、
肉も柔らかく仕上がります。
焦げやすいので、
蒸し焼きにするときは弱火でじっくりと。

❖材料（1人分）

鶏もも肉 … ½枚（120g）
A マヨネーズ … 大さじ1
ウスターソース … 小さじ2
カレー粉 … 小さじ½
薄力粉 … 大さじ1
オリーブオイル … 小さじ2

❖作り方

1 鶏肉を切る

鶏肉を3〜4cm大に切る。

2 下味を付ける

ボウルに鶏肉を入れ、**A**を揉み込み、薄力粉をまぶす。

3 肉を焼く

フライパンにオリーブオイルをひき、中火で**2**の皮面
を下にして焼く。焼き色が付いたら、ひっくり返して、
弱火にしてフタをし、5分ほど蒸し焼きにする。

スパイシーで
肉がふわふわで
美味！

POINT

蒸し焼きをするとき
は弱火でじっくりと。
焦げないように注意
しましょう。

⇩

一緒につめたもの

● ごぼうのガドガド風
　⇨ P119
● きゃべつの七味ナンプラー
　⇨ P120

実食レポ　カレー粉の香りが食欲を増進! 蒸している
から冷めてもお肉がジューシーです(編集S)

ビーフジャーキーと
クレソンの混ぜごはん弁当

ビーフジャーキーと
クレソンの混ぜごはん弁当

ベトナムのビーフジャーキーはゴロッと大ぶりな大きさです。
日本と違って切れていないタイプですが、
このレシピは日本でも売っているビーフジャーキーを混ぜごはんにしました。
すると立派なおかずごはんになりました！

❖材料（1人分）

ごはん … 200g
ビーフジャーキー … 30g
クレソン … 1束（30g）
ナンプラー、レモン汁
　　… 各小さじ1

❖作り方

1 小ねぎを切る

ビーフジャーキーは細かくハサミで切る。クレソンは2〜3cm幅に切る。

2 材料を和える

全材料を和える。

ARRANGE

クレソンが
ない場合は？

クレソンがないときは、かいわれや春菊などの苦味がある野菜でも代用できますよ。辛いのが好きな人は黒こしょうをかけても。

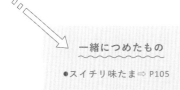

一緒につめたもの

● スイチリ味たま ⇨ P105

実食レポ ジャンキー！でも、ただジャンキーなだけではなくクレソンで爽やかさがプラスされてクセになるおいしさ（カメラマンI）

ムーピン弁当

ムーピン（豚肉のあぶり）

ムーピンはタイの豚の炭火焼き。
このレシピは、日本の焼き鳥弁当を参考に、ムーピンを弁当にアレンジしました。
豚こまなのに冷めても柔らかく、お弁当にピッタリです！

❖材料（1人分）

豚こま切れ肉 … 120g
サラダ油 … 小さじ2
A｜オイスターソース
　　… 小さじ2
　｜しょうゆ … 小さじ1
　｜すりおろしにんにく
　　… 小さじ¼

❖作り方

1 竹串に豚こまを刺す

4本の竹串に豚肉を均等に刺す。1本に1〜2枚。

2 肉を焼く

フライパンを油をひいて、中火で転がしながら炒める。途中、キッチンペーパーで余分な油をふく。

3 味付けする

火が通ったら、Aを加えて味付けする。

POINT

竹串に刺すときはヒダを作るようにして刺していきます。

一緒につめたもの

●小松菜のおかかナンプラー
⇒ P112

実食レポ　タレもおいしい〜。タレも残さずにごはんに塗ってもいいかも！これはおつまみとしても最高(スタイリストH)

MEAT : 09

豚こま肉とアスパラの
梅ナンプラー弁当

豚こま肉とアスパラの梅ナンプラー

梅干し×ナンプラーの組み合わせ。意外ですが、
ナンプラーは梅干しのような酸味のある調味料とも相性抜群なんです。
東南アジアで料理に使われるフルーツ、「タマリンド」も酸味があるもの。
和っぽくなるかと思いきや、ちゃんとエスニックの味わいに！

❖材料（1人分）

豚バラ肉（薄切り）
　　… 3枚（約60g）
アスパラガス … 3本
梅干し … 1個
ナンプラー … 小さじ1
オリーブオイル … 小さじ2

❖作り方

1 下準備をする

豚肉を8〜10cmの長さに切る。アスパラガス
は下の硬い箇所をピーラーで削り、豚肉を巻
く。梅干しはタネをとり、実を叩き切る。

2 アスパラの肉巻きを焼く

フライパンにオリーブオイルをひき、中火で
豚肉の巻き終わりを下にして焼く。全体を転
がしながら炒めて、途中、キッチンペーパー
で余分な油をふきとり、水大さじ1（分量外）
をふり、フタをして、弱めの中火で2分ほど
蒸し焼きにする。

3 味付けする

梅とナンプラーを加えて、サッと炒め合わせ
る。粗熱がとれたら、半分に切る。

POINT

アスパラの下の硬い部分は削ります。
このひと手間で食感がよくなります。

一緒につめたもの

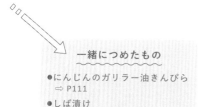

● にんじんのガリラー油きんぴら
　⇒ P111
● しば漬け

実食レポ　ナンプラーと梅の組み合わせは意外だけどすごくおいしい！お弁
当の定番メニューもエスニックに変身しています（カメラマンI）

排骨飯（パイコーハン）弁当

排骨飯（台湾風とんかつ）

台湾風とんかつは揚げて仕上げますが、
焼いてサッと作れるようにアレンジしました！
肉を叩くと、火のとおりが早く、繊維が壊れるので
冷めてもおいしく弁当にピッタリです。

❖ 材料（1人分）

豚ロース肉（とんかつ用）
　　… 1枚（100g）
片栗粉、ごま油 … 各 大さじ1
A 　酒、オイスターソース
　　　… 各大さじ1
　　　五香粉 … 小さじ½

❖ 作り方

1 豚肉をのばす

豚肉はラップで挟んで、麺棒などで叩いてのばし、片栗粉を全体にまぶす。

2 豚肉を焼く

フライパンにごま油をひいて、中火で*1*を両面焼く（目安は両面で3〜4分）。

3 味付けする

カリッと表面に焼き色がついたら、**A**を加えて絡める。粗熱がとれたら豚肉を食べやすい大きさに切る。

POINT

豚肉は綿棒などで繊維を壊すように叩きます。こうすることで冷めても柔らかく仕上がります。

一緒につめたもの
● ピーマンの塩こんぶ
　オイスター ⇒ P116

実食レポ 調理中から五香粉の香りが食欲をそそります。お弁当のフタをあけた瞬間この香りがしたら、アジアにトリップした気分になりそう（編集S）

MEAT : 11
カオマンガイの具弁当

一緒につめたもの
- ミニトマト
- 塩揉みしたきゅうり

カオマンガイの具

カオマンガイは本来、
鶏肉と一緒に米を炊いて作る料理ですが、
カオマンガイの具だけを再現しました！
パサつきやすい鶏むね肉には、
塩、砂糖、片栗粉で保水してしっとりと仕上げます。
電子レンジでできるかんたんレシピです！

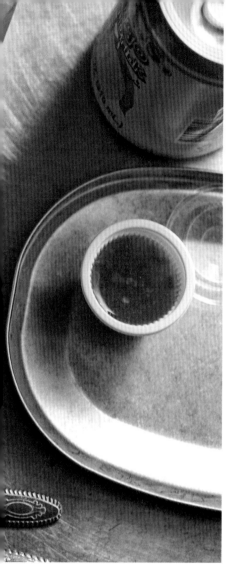

❖ 材料（1人分）

鶏むね肉 … ½枚（120g）
塩、砂糖 … 各ひとつまみ
片栗粉 … 小さじ1
酒 … 大さじ2
A | スイートチリソース … 大さじ1
　　| すりおろししょうが … 小さじ½

❖ 作り方

1　鶏肉に下味を付ける

鶏肉に塩、砂糖→片栗粉の順に揉み込む。

2　電子レンジで加熱する

耐熱ボウルに鶏肉を入れて、酒をふる。ラップをして電子レンジ（600W）で2分加熱する。裏返して再度2分加熱する。ボウルに残ったゆで汁は残しておく。粗熱がとれたら、鶏肉を食べやすい大きさに切る。

3　タレを作る

2で残しておいたゆで汁小さじ2と**A**を混ぜて別容器に入れる。食べる直前にかける。

POINT

電子レンジであたたまった残り汁も、鶏肉の旨みが残ってるので、タレに活用します。

POINT

食べる直前にタレをかけることで、汁っぽくならないので、別に持って行きましょう。

実食レポ 電子レンジでかんたんにできるのに、しっとりジューシーです！タレにも鶏の旨みがプラスされていておいしい（編集S）

三杯鶏（サンペイジー）弁当

三杯鶏 🎌

しょうゆ、酒、ごま油を同量で仕上げる三杯鶏。
バジルを最後に入れて、香りを楽しんでください。
にんにく、しょうがを入れるとさらに本格的になります。

❖材料（1人分）

鶏もも肉 … ½枚（120g）
バジルの葉 … 6〜8枚
A｜鷹の爪（種なし・輪切り）
　　　 … ½本
　｜しょうゆ、酒、ごま油
　　　 … 各小さじ2

❖作り方

1 鶏肉を切る

鶏肉を3cm大に切る。

2 味付けして炒める

フライパンに鶏肉とAを加えて、汁気が半分
ほどになるまで中火で炒め煮する。

3 バジルを加える。

粗熱がとれたら、バジルをちぎって入れる。

POINT

バジルは粗熱がとれてから加えると、
お弁当を食べるときまで香りが飛びま
せん。

一緒につめたもの

●ツナの黒こしょうはるさめ
⇒ P126

ARRANGE

もっと本格的に するには？

にんにくとしょうがを入れる
のがおすすめ。Aを入れるの
と一緒に千切りにしたにんに
くとしょうがを各½片ほど入
れると◎。

実食レポ　結構パンチがある！辛みがしっかりありますが、辛いだけではな
く、バジルの爽やかさがプラスされてごはんが進みます（編集S）

カオモックガイ風弁当

カオモックガイ風 ≡

カオモックガイとは、タイ風ビリヤニといわれ、
本来は炊き込みで作ります。この本では、
炒飯のようなアレンジしてかんたんにしました。

一緒につめたもの

● ブロッコリーのパクチー
ジェノベーゼ ⇨ P115

❖ 材料（1人分）

ごはん … 200g
鶏ももひき肉 … 70g
玉ねぎ … ¼個（50g）
フライドオニオン（市販・
なくても可）… 適量
サラダ油 … 小さじ2
A｜スイートチリソース
　　… 小さじ2
　｜ナンプラー … 小さじ1
　｜カレー粉 … 小さじ½

❖ 作り方

1 玉ねぎを切る

玉ねぎはみじん切りにする。

2 具材を炒める

フライパンに油をひき、中火で鶏ひき肉と玉
ねぎを入れてそぼろ状に炒める。

3 味付けして仕上げる

肉全体に火がとおったら、ごはん、**A**を加え
て全体に味がなじむまで炒め合わせる。あれ
ば最後にフライドオニオンを散らす。

実食レポ　炊き込んでいないのに、しっかり味がついていてお弁当にぴっ
たり。スイチリの辛みがあとからきて飽きない味（編集S）

ビビンバ弁当

ビビンバ

ごはん、肉、野菜などがのった丼ぶりメニュー。
このレシピでは、作りおきのおかずを活用して時短で仕上げます。
食べるときは全部混ぜて食べるとおいしいですよ。

❖ 材料（1人分）

豚こま切れ肉 … 100g
ごま油 … 小さじ2
A｜しょうゆ … 小さじ2
　｜みりん … 小さじ1
　｜すりおろしにんにく
　｜　… 小さじ1/2
作りおきおかず
　｜にんじんの韓国のりナムル（P110）
　｜　… 適量
　｜もやしの梅ナムル（P123）… 適量
　｜小松菜のごま油浸し（P112）… 適量

❖ 作り方

1 豚肉を炒める

フライパンにごま油をひき、中火で豚肉を炒める。

2 味付けする

半分ほど火がとおったら、**A**を加えて炒め合わせる。

3 盛り付けする

2の粗熱がとれたら、作りおきおかずと一緒にごはんの上にのせる。

実食レポ　お肉はしっかり味！ついつい焼きすぎてしまうけど、焼き時間をかけすぎないことで柔らかい仕上がりになっています（編集S）

タッカルビ弁当

タッカルビ（鶏キムチ）

タッカルビとは、骨付き鶏の野菜炒めという料理ですが、
鶏もも肉でアレンジ。
キムチを使えばほかの調味料がなくてもおいしく仕上がります。

一緒につめたもの

● ごぼうのヤンニョム
きんぴら ⇨ P119

❖ 材料（1人分）

鶏もも肉 … ½枚（120g）
きゃべつ … 葉1枚（50g）
白菜キムチ（市販）… 50g
塩 … ひとつまみ
ごま油 … 小さじ2

❖ 作り方

1 材料を切る

鶏肉は3cm大に、きゃべつは2〜3cm大に切る。

2 鶏肉を焼く

フライパンにごま油をひき、中火で鶏肉の皮を下にして焼く。焼き色がついたら、塩を全体にふる。

3 きゃべつとキムチを入れる

きゃべつ、キムチを加え、鶏肉に火がとおるまで炒める。

実食レポ キムチって万能調味料！ほぼキムチだけの味付けなのに、味がしっかりついて、ごはんに合う（カメラマンI）

ナシゴレン弁当

ナシゴレン
（インドネシアチャーハン）

「ナシ」＝ごはん、「ゴレン」＝炒めるという意味です。
インドネシア風炒飯です。ケチャップマニス、サンバルなどの
専門的な調味料が必要ですが、味のポイントとなる、
えびの風味は桜えび、甘酸味はケチャップで代用して仕上げました。

一緒につめたもの

●スイチリ味たま
⇨ P105

❖材料（1人分）

ごはん … 200g
鶏ひき肉 … 50g
きゃべつ … 葉1枚(50g)
サラダ油 … 小さじ2
桜えび … 大さじ1
A｜ケチャップ … 大さじ1と½
　｜ナンプラー … 小さじ2
　｜すりおろしにんにく
　　　… 小さじ½

❖作り方

1 きゃべつを切る

きゃべつを2cmの角切りにする。

2 ごはん以外の具材を炒める

フライパンに油をひき、中火で鶏肉、桜えび、
きゃべつを炒めながら鶏肉をそぼろ状にする。

3 ごはんを入れて味付けする

肉に火がとおったら、ごはんとAを加えて、
炒め合わせる。

実食レポ ケチャップ×ナンプラーの「ケチャナン」の味、大好き！ただ
のケチャップライスよりおしゃれな味になりますね（編集S）

MEAT : 17

ポッサム弁当

ポッサム（ゆで豚）

ポッサムとは、ゆで豚を香味野菜に包んで
食べる料理ですが、
薄切りの豚ロース肉で、ごはんを包んで
食べるお弁当にアレンジしました！

一緒につめたもの

● まいたけのヤムヘッド
⇨ P125

● フリルレタス

❖ 材料（1人分）

豚ロース肉（しゃぶしゃぶ用）
… 6枚（80g）
A | マヨネーズ … 小さじ2
コチュジャン … 小さじ1

❖ 作り方

1 豚肉をゆでる

フライパンに2cm高さの熱湯を沸かして、豚
肉を50秒ほどゆいて火をとおし、水にさらす。

2 味付けする

水気を切り、**A**と和える。

3 ごはんを包んで食べる

ごはんの上に**2**をのせ、ごはんを包むように
して食べる。

実食レポ しゃぶしゃぶ肉を使っているからか、冷めてもお肉が柔らか
い！コチュジャンの辛みで白ごはんがすすみます（編集S）

MEAT : 18

プルコギ弁当

プルコギ

韓国風焼肉弁当。牛肉で仕上げていますが、
豚こま切れ肉で代用もできます。
はちみつを使うことでテリとコクがでます。

一緒につめたもの

●きゃべつの
　サムジャン風和え ⇨ P121

❖材料（1人分）

牛こま切れ肉 … 100g
赤パプリカ(ピーマンでも可)
　… ⅓個(50g)
サラダ油 … 小さじ2
A　しょうゆ … 小さじ2
　　はちみつ … 小さじ1
　　すりおろしにんにく、豆板醤
　　　… 各小さじ¼

❖作り方

1 パプリカを切る

赤パプリカは5mm幅の薄切りにする。

2 具を炒めて味付けする

フライパンに油をひき、中火で牛肉とパプリ
カを炒める。半分くらい火がとおったらAを
加えて炒め合わせる。

CHAPTER 1 　MEAT

実食レポ　甘辛いプルコギの味はやっぱり好き！きっとみんな好き！お昼
に食べたら、午後から力がでそう〜(スタイリストH)

MEAT : 19
タッチム弁当

タッチム

タッチムとは鶏肉の炒め煮のこと。
全材料を入れてフタをして炒め煮するだけだから、
とってもかんたん！
辛いのが好きな人にはおすすめです。

一緒につめたもの
● もやしの梅ナムル ⇒ P123

❖ 材料（1人分）

鶏もも肉 … ½枚(120g)
ピーマン … 1個(30g)
水 … 大さじ5
コチュジャン … 小さじ2
しょうゆ … 小さじ1
すりおろしにんにく … 小さじ½

❖ 作り方

1 材料を切る

鶏肉は2cm大、ピーマンは1.5cm角に切る。

2 材料を炒め煮る

フライパンに全材料を入れて、強めの中火で
水分がなくなるまで炒め煮する。

実食レポ ガツンと辛さがあっておいしい！辛いのが苦手な人はチーズを
入れてチーズタッカルビっぽくしてもいいかも（カメラマンI）

ガイヤーン弁当

ガイヤーン

ガイヤーンとは、タイ風焼き鶏。
現地では炭火で炙り焼きにしたりしますが、
フライパンでお手軽に。皮面からカリッと焼くと、
香ばしさがプラスされておいしいです。

一緒につめたもの

● ブロッコリーの
　ガーリック蒸し ⇨ P114
● もやしのアチャール
　⇨ P122

❖材料（1人分）

鶏もも肉 … ½枚(120g)
サラダ油 … 小さじ2

A｜ナンプラー、
　　スイートチリソース
　　　… 各小さじ2
　　すりおろしにんにく
　　　… 小さじ½

❖作り方

1　鶏肉を焼く

フライパンに油をひき、鶏肉を皮面を下にして中火で焼く。焼き色が付いたらひっくりかえして、フタをし、弱めの中火で3〜4分ほど焼く(焦げ注意)。

2　味付けする

火をとめて、キッチンペーパーで余分な油をふいたら、Aを加えて絡める。粗熱がとれたら肉を食べやすい大きさに切る。

CHAPTER 1　MEAT

実食レポ　お弁当に照り焼きが入るとやっぱりテンションがあがりますね！甘じょっぱいエスニックな味付けがたまらない！(編集S)

MEAT : 21

ムーマナオ弁当

ムーマナオ（タイ風豚しゃぶ）

豚しゃぶの柑橘サラダ。
現地では激辛料理ですが、辛さをやさしめに仕上げました。
ごはんと食べてもおいしいですが、
パンにサンドしてもおいしいです！

一緒につめたもの

●にんじんのソムタム風
⇨ P110

❖材料（1人分）

豚ロース肉（しゃぶしゃぶ用）
　… 100g
パクチー … ½束（10g）
A｜鷹の爪（種なし・輪切り）
　　　… ½本
　　ナンプラー … 小さじ1
　　レモン汁、砂糖
　　　… 各小さじ½

❖作り方

1 パクチーを切る

パクチーをざく切りする。

2 豚肉をゆでる

フライパンに2cmの高さの熱湯を沸かして、豚肉を50秒ほどゆでてから火をとおして水にさらし、水気を切る。

3 味付けする

1と全材料を混ぜる。

 実食レポ　ゆで時間がさっと短いから、冷めても肉がしっとり。レモン汁とパクチーでさっぱり爽やか。夏に食べたいお弁当です（編集S）

ひき肉と いんげんの 台湾風 そぼろ弁当

MEAT : 22

ひき肉といんげんの 台湾風そぼろ

台湾料理の「菜掃光」をアレンジしました！
いんげんを小口切りにすると、
ポリポリ食感の歯応えがでて、食べ応えがあります。

⬇
一緒につめたもの
● ザーサイのたまご焼き
　⇨ P106

❖材料（1人分）

豚ひき肉 … 100g
いんげん … 6本
サラダ油 … 小さじ2
A ｜ オイスターソース、しょうゆ
　　　… 各小さじ1
　　 五香粉 … 小さじ¼

❖作り方

1 いんげんを切る

いんげんを7〜8mm幅の小口切りにする。

2 炒めて味付けする

フライパンに油をひき、中火で豚肉といんげんを入れてそぼろ状に炒める。肉に半分ほど火がとおったらAを加えて炒め合わせる。

実食レポ いんげんがポリポリしていて食感がGOOD！ピリッとさせたければ黒こしょうを足してもよさそうですね（スタイリストH）

コムタム
弁当

一緒につめたもの

●ミエンサオクア ⇨ P127

コムタム
（ベトナム風ポークソテー） ★

コムタムとは肉を魚醤で漬け込んで炭火焼きした料理です。
このレシピでは、スイートチリソースとオイスターソースで
コク旨に仕上げます。
豚ロースがなければ、豚バラでもOK。

❖材料（1人分）

豚ロース肉（生姜焼き用）
　… 3枚（約100g）
塩、黒こしょう … ひとつまみ
サラダ油 … 小さじ2
A｜スイートチリソース、
　｜オイスターソース
　｜… 各小さじ2

❖作り方

1 豚肉に下味を付ける

豚肉は縁の筋を6〜7か所ほど切り、塩、黒
こしょうで揉む。

2 豚肉を焼き、味付けする

フライパンに油をひき、中火で1を両面焼く。
キッチンペーパーで余分な油をふき、肉全体
に焼き色が付いたら、Aを加えて絡め炒める。

実食レポ スイチリとオイスターソースだけでこんなに味が決まるとは驚
き！玉ねぎを加えてボリュームをだしてもおいしそう（編集S）

塩麻婆豆腐弁当

塩麻婆豆腐 🇨🇳

麻婆豆腐は塩でシンプルに。鶏ひき肉を3分ほど煮るので、鶏の出汁がでて、シンプルでも旨みがしっかりと感じられます。弁当には崩れにくい木綿豆腐がおすすめ。

一緒につめたもの

● しいたけの中華風辛子しょうゆ ⇨ P124

● 小口切りにした小ねぎ

❖ 材料（1人分）

鶏ももひき肉 … 80g
木綿豆腐
　　… 3連パックの1つ（150g）
にんにく … 1片（5g）
ごま油 … 小さじ2
水溶き片栗粉（水小さじ1＋
　　片栗粉小さじ1）… 全量
A｜水 … 大さじ4
　｜酒 … 大さじ1
　｜塩 … 小さじ½

❖ 作り方

1　材料を切る

木綿豆腐は1.5～2cmの角切りに、にんにくはみじん切りにする。

2　にんにくと鶏肉を炒める

フライパンにごま油をひき、弱火でにんにくを炒める。香りが立ってきたら、鶏肉を加えて中火でそぼろ状に炒める。

3　豆腐を加えて仕上げる

肉に半分ほど火がとおったら**2**に**A**、豆腐を入れて3～4分ほどあたためて、水分を⅓ほど飛ばし、最後に水溶き片栗粉を入れてとろみを付ける。

実食レポ　辛いのが苦手な人や子どもでもおいしく食べられる！辛いのが好きな人は山椒をかけて香りを立たせて食べるとよさそう（カメラマンI）

COLUMN 1

ナンプラーがあれば
かんたんに異国の味に

ナンプラーってなに？

ナンプラーはタイ料理には欠かせない調味料（魚醤）で、「ナム」＝水、「プラー」＝魚を組み合わせた言葉です。主材料は魚と塩。生の魚を塩で長時間漬け込んで発酵させたものです。

日本の秋田県にも有名な魚醤、「しょっつる」がありますが、こちらの原料はハタハタなのに対して、ナンプラーは主にカタクチイワシを使用して作られています。

独特な香りがして、調理をするとコクが加わります。タイ料理では、味の濃さを調整する際に塩ではなく、ナンプラーが用いられることが多いです。

ナンプラーは、酸味、コク、旨みを加えることができます。レモンなどの柑橘系、バターを使ったクリーム系などの料理に合います。少しの量で味が決まるので、ボクもよく使います。家に1本あるととっても便利！

ナンプラーで味が決まる
スピード弁当3！

パットマクア（ナスと豚肉のバジル炒め）弁当

「マクア」はナスという意味で、ナスがメインの料理。
タイでもバジルと合わせます。
なければ、大葉などで代用して楽しんでください！

❖材料（1人分）

豚ひき肉 … 100g
ナス … 1本（80g）
バジル … 葉6〜8枚
サラダ油 … 大さじ1
A｜ナンプラー、しょうゆ、
　｜砂糖 … 各小さじ1

❖作り方

1 ナスは、縦半分に切ってから、3〜4cm厚の斜め切りにする。

2 フライパンに油をひき、中火で豚肉、ナスを入れて、肉をヘラでそぼろ状に炒める。

3 半分ほど火がとおったらAを加えて味付けする。火をとめて粗熱がとれたら、バジルの葉をちぎって加える。

ナンプラーで味が決まる
スピード弁当3！

ベトナム風ツナとゴーヤの弁当

ベトナムでスープや炒め物に使われているゴーヤ。
日本のゴーヤチャンプルーのエスニックバージョンで仕上げます。
たっぷりの量ができるので、2日目はサンドイッチの具材にして、バインミー風にしても。

❖ 材料（作りやすい分量）

ツナ缶（オイル漬け）
　… 1缶（70g）
ゴーヤ … ¼本（50g）
たまご … 1個
ナンプラー、しょうゆ
　… 各小さじ1
サラダ油 … 小さじ2

❖ 作り方

1 ゴーヤはワタをとり、3～4cm幅の薄切りにする。

2 フライパンに油をひき、中火でゴーヤを炒める。しんなりとしたら、汁気を切ったツナ缶、ナンプラー、しょうゆを加えて味付けする。

3 フライパンに半分ほどをスペースを作り、溶いたたまごを入れてスクランブルエッグにして、全材料を炒め合わせる。

鶏むね肉とエリンギのナンプラーバター弁当

ナンプラー×バターの組み合わせ。
旨みとコクがしっかりとした味付けになるので、
タンパクな味わいの鶏むね肉と合わせてます。
しっとり仕上げるために、塩、砂糖、片栗粉を下味にするのがポイント。

❖ 材料（1回分）

鶏むね肉 … ½枚(120g)
エリンギ … 1本
塩、砂糖 … 各ひとつまみ
片栗粉 … 小さじ1
ナンプラー … 小さじ2
バター … 10g

❖ 作り方

1 鶏肉は繊維を断つように7〜8cm幅の細切りにする。エリンギは縦半分に切ってから、薄切りにする。

2 1の鶏肉に塩、砂糖→片栗粉の順に揉み込む。

3 フライパンにバターを溶かして、中火で2、エリンギを炒めて、半分ほど火がとおったらナンプラーを加えて炒め合わせる。

CHAPTER 2

10分で

お魚弁当

❖ FISH BENTO ❖

FISH : 01

ブリとビーンズの
カレーオイスター弁当

⇨作り方は P56

シャケとれんこんの五香粉弁当

⇨作り方は P57

→ 一緒につめたもの

●ピーマンのデルダーラ ⇨ P117

ブリとビーンズのカレーオイスター

カレー粉とオイスターでコク旨な1品に。
ミックスビーンズは焦げやすいので最後にサッと和える程度に。
サバなどの魚でもおいしいですよ。

❖材料（1人分）

ブリ … 1切れ（100g）
ミックスビーンズ（チルド）
　… 50g
サラダ油 … 小さじ2
A｜オイスターソース
　　　… 小さじ2
　｜ウスターソース
　　　… 小さじ1
　｜カレー粉 … 小さじ½

❖作り方

1 ブリに下味を付ける

ブリは塩少々（分量外）をふり、2〜3分置いて、キッチンペーパーで水分をふきとる。

2 ブリを焼く

フライパンに油をひき、中火で1を両面を2分ずつ焼く。

3 味付けしてビーンズを加える

焼き色が付いたら、Aを入れて味付けする。最後にミックスビーンズをサッと和える。

POINT

ビーンズは焦げやすいので、最後に加えるだけでOK！

実食レポ　お弁当にこんなにドーンとお魚が入っているのはうれしい！ビーンズで植物性タンパク質も摂れて満足度が高いです（編集S）

一緒につめたもの

⇨ ●しめじのエスニックアヒージョ ⇨ P124
　　●きゃべつの辛メンマ和え ⇨ P120

シャケとれんこんの五香粉オイスター

五香粉とオイスターソースを合わせるだけで、
本格的な台湾、中華料理の味わいが楽しめます。
魚はもちろん、肉系にも合う味付けです！

❖材料（1人分）

甘塩シャケ … 1切れ(100g)
れんこん … ¼節(50g)
五香粉 … 小さじ⅓
オイスターソース、ごま油
　　… 各小さじ2

❖作り方

1　シャケを切る

シャケは3〜4等分に切る。

2　れんこんを切って水にさらす

れんこんは皮をむき、5mm厚の半月切りにして、5分水にさらして、水気を切る。

3　食材を焼いて味付けする

フライパンにごま油をひき、中火で1を両面焼く。シャケに焼き色が付いてきたら（片面2分くらい）、オイスターソースと五香粉を加えて味付けする。

POINT

れんこんは変色を防ぐため、ちょっと面倒でも水にさらしましょう。

 れんこんとシャケで見た目は和テイストですが、食べるとしっかりエスニック！ふわふわのシャケとシャキシャキのれんこんが最高（編集S）

サバ缶キーマカレー弁当

サバ缶キーマカレー

サバ缶は水分も全部使います。
煮詰めることで旨みがギュッと濃縮されておいしいですよ。
たくさんできるので、作りおきとしても！
冷蔵庫で3〜4日保存可能です。

❖ 材料（作りやすい分量）

サバ缶（水煮）… 1缶（200g）
小ねぎ（小口切り）
　　… 少々（なくても可）
A｜ケチャップ … 大さじ2
　｜カレー粉 … 小さじ1と½
　｜オイスターソース
　｜　　… 小さじ1

❖ 作り方

1 サバ缶を煮詰める

フライパンにサバ缶を汁ごと入れて、中火で
あたためて、汁気を飛ばしながらそぼろ状に
する。

2 味付けする

1にAを加えて味付けする。あれば仕上げに
小ねぎを散らす。

ARRANGE

ボリュームを
だしたいときは？

水煮の大豆やミックスビーン
ズなどを入れてもOK！　ボ
リュームがアップして満足度
が高くなります。

一緒につめたもの

● フムス風ポテサラ ⇒ P109

実食レポ　ケチャップ感はあまり感じない。10分で本当にできるの？というく
　　　　　らいこくがあるのは、サバ缶を汁ごと使っているからですね（編集S）

FISH : 04

ツナキムチーズキンパ弁当

ツナキムチーズキンパ 🇰🇷

韓国語で「キム」＝のり、「パブ」＝ごはんを組み合わせて
「キンパ」と呼ばれるようになったといわれています。
片手でぱくっと食べられるので、レジャーシーンにもおすすめですよ。

❖材料（1人分）

ごはん … 100g
ツナ缶（オイル漬け）
　　… 1缶（70g）
白菜キムチ … 50g
スライスチーズ（半分に切る）
　　… 1枚
焼きのり … 1枚

❖作り方

1 ごはんにキムチを混ぜる

ごはんとキムチを混ぜる。

2 のりで具材を巻く

焼きのりの上に、1、スライスチーズ、汁気を切ったツナを並べて、巻きすまたはラップで筒状に包む。かたちをととのえたら、食べやすい厚さに切る。

POINT

巻き終わりと左右の端は少し隙間をあけておくと、具材がはみだしません。

一緒につめたもの

●ハムのチャプチェ ⇨ P126

実食レポ　キムチ、チーズ、ツナと全部おいしいものを混ぜているから、おいしさがパワーアップ！あたためてチーズをとろっとさせてもいい（カメラマンI）

オジンオチェポックンの
チュモッパ弁当

オジンオチェポックン
（さきいかの甘辛和え）のチュモッパ 🇰🇷

韓国のさきいか炒め、オジンオチェポックンを
和えるだけのレシピにアレンジしました。
ツナも入れて、韓国の家庭料理、丸型おにぎり、チュモッパに仕上げます。

❖材料（1人分）

ごはん … 150g
さきいか（市販）… 40g
ツナ缶（オイル漬け）
　… 1缶（70g）
いりごま（黒）… お好み量
コチュジャン … 小さじ2
砂糖、ごま油 … 各小さじ½

❖作り方

1　下準備をする

さきいかはハサミで1〜2cm幅に切る。ツナ
缶の汁気を切る。

2　材料を混ぜる

ボウルにごはんといりごま以外の材料を和え
る。しっかり混ざったらごはんを加えて混ぜ
る。

3　おにぎりにする

8個分の丸型おにぎりにする。お好みでいり
ごまを散らす。

POINT

しっかり和えることで、さきいかが調
味料やツナの旨みを吸っておいしくな
ります。

一緒につめたもの
●ニラのごま油たまご焼き
　⇨ P107

実食レポ　噛めば噛むほどさきいかの旨みがでてきて飽きない味！しっ
かりと歯応えがあるので、お腹いっぱいになります（編集S）

さんま缶と青菜の
黒こしょうバター炒め弁当

さんま缶と青菜の黒こしょうバター炒め

さんまの蒲焼き缶はタレの味がしっかりとしているので、
バターでコクをプラスしてたっぷりの黒こしょうで
キリッとさせるだけで味わいは充分です！

❖材料（1人分）

さんま缶（蒲焼き）
　　… 1缶（100g）
小松菜 … 1束（60g）
黒こしょう … 小さじ1
バター … 10g

❖作り方

1 小松菜を切る

小松菜は3〜4cm幅に切る。

2 食材を炒める

フライパンにバターを溶かし、さんま缶を汁ごと、小松菜を加え、中火でサッと炒める。

3 黒こしょうを加える

最後に黒こしょうを散らす。

POINT

小松菜は火がとおりやすいので、サッとでOK！バターと絡めるように炒めましょう。

一緒につめたもの

●ザーサイのたまご焼き ⇨ P106

 実食レポ あとからピリリと黒こしょうが効いてきます。小松菜がたっぷり入っていて青菜がしっかり摂れるのもうれしい（編集S）

FISH : 07

ちくわとオクラの ナンプラーマヨ弁当

ちくわとオクラのナンプラーマヨ 🍳

ナンプラー×マヨネーズの組み合わせは、ナンプラーの塩みを少しまろやかにしてくれます。
最後に青のりを散らし、磯の風味もプラスして。
ちくわ、ナンプラー、青のりの海の香りや旨みを楽しんで。

❖材料（1人分）

ちくわ … 2本
オクラ … 3本
ナンプラー … 小さじ1
青のり … 適量
マヨネーズ … 大さじ1

❖作り方

1 ちくわとオクラを切る

ちくわとオクラをそれぞれ5mm幅の小口切りにする。

2 ちくわとオクラを炒める

フライパンにマヨネーズをひき、ちくわとオクラを加え、中火で炒める。

3 味付けする

うっすらと焼き色が付いたら、ナンプラーを加えて味付けをし、さらに炒める。最後に青のりを散らす。

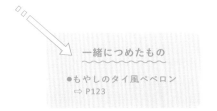

一緒につめたもの

● もやしのタイ風ペペロン
⇨ P123

ちくわを焼いた
香ばしさがおいしい

実食レポ 節約レシピ！見た目はちょっと地味ですが、とってもおいしいのでぜひ作ってほしいです。おつまみにもなりそう！（編集S）

タラマヨ 🇨🇳

エビマヨの風味をタラで再現。
少しにんにくを入れてパンチのある味に仕上げました。
油は少なく、揚げ焼きにするレシピなので、
朝の忙しい時間でもかんたんに作れます。

❖材料（1人分）

タラ … 1切れ（80g）
塩 … 少々
薄力粉 … 小さじ1
サラダ油 … 大さじ2
A | マヨネーズ、ケチャップ
　　　… 各小さじ2
　　すりおろしにんにく
　　　… 小さじ¼

❖作り方

1 下準備をする

タラは塩をふり、2〜3分置いておく。水気がでてきたらキッチンペーパーでふきとる。3〜4等分に切り、薄力粉をまぶす。

2 タラを焼く

フライパンに油をひき、中火で1を両面2分ずつ揚げ焼きにする。

3 味付けする

ボウルにAを混ぜて、粗熱をとった2を加えて絡める。

一緒につめたもの

●ごぼうのしょうが炒め⇒ P118

実食レポ　冷めてもタラがふわふわ！調味料も少なくて、朝の短時間でできるのがうれしいですね。にんにくを減らせば子どもにも◎（編集S）

FISH : 9

かに風味天津飯弁当

かに風味天津飯

中華料理で人気の天津飯をお手軽に。
酸味＝ポン酢しょうゆ、旨み＝オイスターソースの2つで
かんたんに本格的な味に仕上がります。

❖材料（1人分）

たまご … 1個
冷凍グリーンピース（解凍して
　おく）… 適量（なくても可）
サラダ油 … 大さじ1
A｜ かに風味かまぼこ … 2本
　｜ 水 … 大さじ4
　｜ ポン酢しょうゆ、
　｜ オイスターソース、
　｜ 片栗粉 … 各小さじ2
　｜ 砂糖 … 小さじ½

❖作り方

1 たまごを焼く

たまごは溶いておく。フライパンにサラダ油
をひいて、中火であたため、たまごを流し入
れて全体が固まったら、とりだして冷ます。

2 あんを作る

小鍋にAをあたためて、とろみがついてきた
ら火をとめて冷ます。

3 盛り付ける

ごはんの上に1をのせ、2をかける。あれば
グリーンピースを添える。

POINT

たまごは衛生上しっかりと火をとおす
ようにしましょう。お弁当の大きさに
合わせて切ると見た目がきれいです。

一緒につめたもの

●ピーマンの塩こんぶ
　オイスター ⇒ P111

実食レポ　冷めてもポン酢しょうゆの酸味がしっかり効いていて食欲がア
ップします！お弁当に丼ものってうれしいですよね（編集S）

ヤムタレー弁当

ヤムタレー

ヤムタレーとは、タイの魚介のスパイシーサラダ。
シーフードミックスでお手軽に作ります。
辛さはスイートチリソースでかんたんに辛みを付けます。

❖ 材料（1人分）

シーフードミックス … 150g
セロリ … ¼本（20g）
A スイートチリソース
　　… 大さじ1
　レモン汁、ナンプラー
　　… 各小さじ½

❖ 作り方

1 シーフードミックスを解凍する

シーフードミックスはぬるま湯に5分ほど浸して解凍し、水気を切る。

2 シーフードミックスをゆでる

熱湯で2分ほどゆでて、水気を切り冷ましておく。

3 セロリを切って和える

セロリを葉っぱはざく切り、茎は2〜3㎜幅の斜め切りにして、全材料と和える。

POINT

凍ったままゆでると、身がちぢんでしまうので、ぬるま湯で解凍してから使いましょう。

一緒につめたもの

●カイチアオ風たまご焼き
⇒ P106

 実食レポ　セロリとレモンがとっても爽やか〜！辛みもしっかりあります。まぜ麺にしてもおいしそうです（編集S）

クンパッポンカリー弁当

クンパッポンカリー（えびのカレー粉炒め）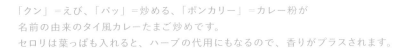

「クン」＝えび、「パッ」＝炒める、「ポンカリー」＝カレー粉が
名前の由来のタイ風カレーたまご炒めです。
セロリは葉っぱも入れると、ハーブの代用にもなるので、香りがプラスされます。

❖材料（1人分）

冷凍むきえび … 10尾（100g）
セロリ … ¼本（20g）
サラダ油 … 小さじ2
A｜溶きたまご … 2個分
　｜ナンプラー、
　｜オイスターソース
　｜　… 各小さじ2
　｜カレー粉 … 小さじ½

❖作り方

1　むきえびを解凍する

むきえびはぬるま湯に5分ほど浸して解凍し、
水気を切る。

2　セロリを切る

セロリの葉っぱはざく切り、茎は2〜3mm幅
の斜め切りにする。

3　食材を炒めて味付けする

フライパンに油をひき、中火でむきえびとセ
ロリを炒める。セロリがしんなりとしたら、
セロリの葉っぱ、Aを加えてサッと炒め合わ
せる。

POINT

冷凍えびは冷凍したまま使うと身がち
ぢむので、しっかり解凍しましょう。
ぬるま湯なら時短に！

一緒につめたもの
●パクチーポテサラ ⇒ P108
●ごぼうのポン酢ナンプラー
　漬け ⇒ P118

ARRANGE

セロリの代わりに
玉ねぎでも美味！

セロリが苦手な人やセロリが
手に入らないときは、玉ねぎ
に代えてもおいしいです。紫
玉ねぎを使えば、エスニック
感がアップ！

実食レポ　セロリが爽やかでおいしい〜！夏に食べたいお弁当ですね。
夏バテしてても食べられそうな味です（カメラマンI）

ブリと大根の
黒酢ナンプラー弁当

ぶりと大根の黒酢ナンプラー

黒酢の酸味とナンプラーの旨みが効いた弁当。
ナンプラーを出汁の代わりにして煮ます。
大根も薄めに切ると、時短で味が染み込みやすいです！

❖ 材料（1人分）

ブリ … 1切れ（100g）
塩 … 少々
大根 … 長さ1cm（50g）
水 … 大さじ2
黒酢 … 大さじ1
ナンプラー … 小さじ1
砂糖 … 小さじ½

❖ 作り方

1 ブリを下準備する

ブリに塩少々をふって、2〜3分置く。水気をしっかりとキッチンペーパーでふき、6等分に切る。

2 大根を切る

大根は5mm厚のいちょう切りにする。

3 材料を煮る

鍋に全材料を入れてフタをして、1〜2度具材をひっくりかえしながら、中火で6分ほど汁気がなくなるまで煮る。

一緒につめたもの

● 小松菜のマムトム風炒め
⇨ P113

ナンプラーで
出汁いらず！

実食レポ　エスニックなブリ大根！黒酢とナンプラーで味のメリハリがあります。シャキシャキとふわふわで歯応えもいい（スタイリストH）

チュクミポックム弁当

チュクミポックム

「チュクミ」＝イイダコ、「ポックム」＝炒めるという
名の韓国料理です。イイダコの代わりに
市販のボイルタコを使ってお手軽に現地の味に仕上げます。

一緒につめたもの

●ブロッコリーの
胡麻キムチ和え ⇨ P115

❖ 材料（1人分）

ボイルタコ … 100g
もやし … ⅓パック（約60g）
ごま油 … 小さじ2
A｜コチュジャン、みそ、
　｜しょうゆ … 各小さじ1

❖ 作り方

1 食材を炒める

フライパンにごま油をひき、中火でタコ、も
やしを炒める。

2 味付けする

もやしがしんなりとしたら、Aを加え、絡め
て炒める。

実食レポ　ピリ辛でごはんが進む味。タコがしっかり歯応えがあるので、お腹
がいっぱいになります。もやしもシャキシャキ！（カメラマンI）

エビチリ弁当

エビチリ

本来エビチリはいくつもの調味料を使って仕上げますが、
このレシピでは、スイートチリソースとケチャップでお手軽に。
ナンプラーで旨みもプラスして、箸がとまらないおいしさです。

一緒につめたもの

● ピーマンの塩こんぶ
オイスター ⇒ P116

❖材料（1人分）

冷凍むきえび … 13尾（120g）
長ねぎ … ½本（40g）
サラダ油 … 小さじ2
A｜スイートチリソース
　　 … 大さじ1
　｜ケチャップ … 小さじ2
　｜ナンプラー … 小さじ1

❖作り方

1 むきえびを解凍する

むきえびはぬるま湯に5分ほど浸して解凍し、
水気を切る。

2 長ねぎを切る

長ねぎはみじん切りにする。

3 食材を炒めて味付けする

フライパンに油をひいて、中火でむきえびと
ねぎを炒める。むきえびにうっすらと焼き色
が付いたら、Aを加え、絡めて炒める。

実食レポ　調味料が少ないのに、味がしっかりと付いてて、かんた
んなのに本格的！甘辛さでごはんが進みます（編集S）

ヨノカンジョン弁当

ヨノカンジョン
（シャケのしょうゆ唐揚げ）

タッカンジョン＝鶏肉のしょうゆから揚げを参考に、
シャケ＝「ヨノ」でアレンジしました。
しょうゆの風味が効いたごはんがすすむ1品です。

⬇
一緒につめたもの

● キムチクリチポテサラ
　⇨ P109
● 小松菜のごま油浸し
　⇨ P112

❖ 材料（1人分）

シャケ … 1切れ（100g）
薄力粉、サラダ油
　 … 各大さじ2
A｜酒、しょうゆ
　 … 各小さじ2
　 すりおろしにんにく
　 … 小さじ1

❖ 作り方

1 シャケに下味を付ける

シャケは3〜4等分に切り、Aを揉み込む。

2 薄力粉をまぶす

1の汁気を切り、薄力粉をまぶす。

3 シャケを焼く

フライパンに油をひき、中火で1を片面2分
ずつ、両面揚げ焼きにする。

実食レポ　揚げ物はやっぱり最高。パサつきがちなシャケもほわほわでおい
しいです！焼き時間が長すぎないのがポイントですね（編集S）

八宝菜風弁当

八宝菜風

シーフードミックスでかんたん八宝菜。
具沢山でうれしい1品です。
お弁当なのでとろみはしっかり付けましょう。

一緒につめたもの

●黒酢味たま ⇨ P104

❖ 材料（1人分）

シーフードミックス … 120g
白菜 … 葉1枚（50g）
しいたけ … 1個
水溶き片栗粉（片栗粉小さじ1+
　水小さじ1） … 全量
A｜水 … 大さじ4
　｜酒 … 小さじ2
　｜鶏ガラスープの素（顆粒）
　｜　… 小さじ1

❖ 作り方

1 シーフードミックスを解凍する

シーフードミックスはぬるま湯に5分ほど浸して解凍し、水気を切る。

2 食材を切る

白菜は1cmの薄切りに、しいたけは3mm程度の薄切りにする。

3 煮て味付けする

フライパンに1、2、Aを入れてフタをして中火で3分ほど煮て、水溶き片栗粉でとろみを付ける。

実食レポ　白米に合う味なので、食べるときにごはんにのせてタレと一緒に食べるのがおすすめ！（カメラマンI）

カーコー弁当

カーコー（魚の煮付け）⭐

カーコーとは、ベトナムでは、魚、しょうが、
ハーブ、ヌクマムなどで煮込んだ料理のことです。
このレシピは、サバ缶とナンプラーを使って煮て、
かんたんにアジアな風味に仕上げました。

一緒につめたもの

●ピーマンガパオ ⇒ P116
●たくあん漬け

❖材料（1人分）

サバ缶(水煮) … 1缶(200g)
A｜レモン汁 … 小さじ2
　｜ナンプラー … 小さじ1
　｜すりおろしにんにく、砂糖
　｜　… 各小さじ½

❖作り方

1 材料を煮る

フライパンにサバ缶を汁ごと、Aを加えてときどきひっくり返しながら、4〜5分ほど汁気がなくなるまで煮る。

実食レポ　よりエスニック感がほしいときは仕上げにパクチー入れるとよさそう！サバ缶は調理時間が少なくてよい！（編集S）

クンガディアム
弁当

クンガディアム
（えびのガーリック炒め）

一緒につめたもの

●小松菜の酢こしょう和え
⇒ P113

タイのえびのガーリック炒めです。
オイルたっぷり、にんにくたっぷりで作るのが現地流ですが、
ほどよく使って再現しています！ にんにくの風味が楽しめる1品です。

❖材料（1人分）

冷凍むきえび … 10尾（100g）
しめじ … ½パック（50g）
オリーブオイル … 小さじ2
A｜ナンプラー … 小さじ2
　｜にんにく（すりおろし）
　｜　… 小さじ½
黒こしょう … お好みで少々

❖作り方

1 むきえびを解凍する

むきえびはぬるま湯に5分ほど浸して解凍し、
水気を切る。

2 えびとしめじを炒める

フライパンにオリーブオイルを入れて、中火
でえびとほぐしたしめじを炒める。

3 味付けする

うっすらと焼き色がついたら、Aを加えて味
付けする。お好みで黒こしょうを振る。

(実食レポ) しっかりパンチのある味です。スパイシーが好きな人は、
ぜひ黒こしょうをしっかりきかせて食べて（編集S）

オイスターソースは
味付けの主役にも隠し味にもなる

蠔油

オイスターソースってなに？

オイスターソースは広東料理をはじめとした中国料理によく使われる調味料。その名の通りオイスター(牡蠣)が原料となっています。本来は牡蠣を塩漬けにして発酵・熟成して作ります。

濃厚なコクと独特な甘み、旨みが特徴。炒め野菜にかける、焼きそばに和えるなど、使い方もさまざまです。本場では加熱せずに蒸し野菜などにそのままかけて食べることもあるそう。

ほかに、タイ料理、ベトナム料理、カンボジア料理などでも利用され、アジアの食卓には欠かせない調味料のひとつとなっています。

オイスターソースは、しょうゆやみりんなどではだせないコクや甘みがあります。ほかの調味料とも相性がよく、隠し味としても最適！メーカーによって甘さや濃度がいろいろなので、好みのものを見つけるのも楽しいですよ〜！

オイスターソースでコク出し！
スピード弁当３！

ひき肉とじゃがいもの
ゆずこしょうオイスター弁当

辛さとも相性がよいのがオイスターソースです。
ゆずこしょうは青唐辛子からできているので、オイスターソースともよく合います。
じゃがいもをしっかりと炒めることがポイントです！

❖材料（１人分）

鶏ももひき肉 … 100g
じゃがいも … 小1個(50g)
ゆずこしょう … 小さじ⅓
オイスターソース、サラダ油
　　… 各小さじ2

❖作り方

1 じゃがいもは5〜7㎜幅の細切りにする。

2 フライパンに油をひき、中火でじゃがいもを炒める。しんなりとしたら、鶏肉を加えてヘラでそぼろ状に炒める。

3 鶏肉に半分ほど火がとおったら、ゆずこしょう、オイスターソースを加えて炒め合わせる。

オイスターソースでコク出し！
スピード弁当３！

豚こま肉とにんじんの
レモンオイスター弁当

豚肉のこってり感とオイスターソースのコクがあいまった、ごちそう弁当です。
レモンの酸味で最後まですっきり楽しめます。
にんじんをいちょう切りにすることで食感をだしています。

❖材料（１人分）

豚こま切れ肉 … 100g
にんじん … ⅓本(50g)
オリーブオイル、
オイスターソース、
レモン汁 … 各小さじ2

❖作り方

1 にんじんは5mm厚のいちょう切りにする。

2 フライパンにオリーブオイルをひき、中火でにんじんを炒める。焼き色が付いたら、豚こま切れ肉を加えて炒め、オイスターソースを加えて炒め合わせる。

3 最後にレモン汁をまわしかける。

パットガラムプリームー
（豚肉ときゃべつ炒め）弁当

きゃべつとナンプラーが主役の料理。タイでは、ナンプラーとにんにくをきかせ、
塩味の強い味わいですが、今日はきゃべつの甘さも活かしています。
ナンプラーがメインですが、オイスターソースを隠し味にしてコクをだしました。

❖ 材料（1人分）

豚バラ肉（薄切り）… 100g
きゃべつ … 葉1枚（50g）
黒こしょう … 適量
サラダ油 … 小さじ2
A ｜ ナンプラー … 小さじ2
　　｜ オイスターソース、
　　｜ すりおろしにんにく
　　｜ … 各小さじ½

❖ 作り方

1 豚肉は3〜4㎝長さに切る。きゃべつは3
㎝大に切る。

2 フライパンに油をひき、中火で豚肉を焼
く。半分ほど火がとおったら、きゃべつ
を入れる。

3 きゃべつがしんなりとしたら、**A**を加え
て味付けし、黒こしょうを振る。

10分で

CHAPTER 3

麺とパン弁当

❖ NOODLES & BREAD BENTO

NOODLES & BREAD : 01

パッタイ弁当

⇨作り方は P90

NOODLES & BREAD : 02

タイ風えびパンサンド弁当

⇒作り方は P91

一緒につめたもの
●ポパイカリーたまご焼き ⇨ P107

パッタイ

パッタイはタイ風焼きそば。
甘酸っぱい味わいが特徴で、現地ではタマリンドという調味料を使いますが、
この本ではケチャップと酢でアレンジして作っています。

❖ 材料（1人分）

冷凍うどん … 1パック（200g）
豚こま切れ肉 … 100g
もやし … ⅓パック（約30g）
ニラ … 1本（10g）
桜えび … 大さじ1（3g）
サラダ油 … 小さじ2
A｜ ケチャップ、酢、
　　ナンプラー … 各小さじ2

❖ 作り方

1 ニラを切る

ニラを3〜4cmの長さに切る。

2 うどんをあたためる

冷凍うどんはパッケージ表示時間どおりに、
電子レンジであたためる。

3 具材を炒めて味付けする

フライパンに油をひき、中火で豚肉を炒め、
半分ほど火がとおったら、2、もやし、桜え
び、ニラ、Aを加えて、ほぐしながら炒め合
わせる。

POINT

生うどんでもいいのですが、冷凍うど
んはいつでも使えるのでストックして
おくと便利。電子レンジで加熱できる
のも利点です。

実食レポ　砂糖を使わずにケチャップとナンプラーでパッタイらしい甘みがち
ゃんとでていておいしい！桜えびがいい仕事をしています（編集S）

えびのプリッと感を
楽しんで！

タイ風えびパンサンド

タイの揚げえびパン「カノムパンナークン」を参考にしました。
作りおきの「きゃべつのスイチリコールスロー」を使って
ボリューム満点に仕上げます。

❖材料（1人分）

食パン … 2枚(8枚切り)
冷凍えび … 10尾(100g)
スイートチリソース
　　… 小さじ1
作りおきおかず
　きゃべつのスイチリ
　　コールスロー(P120)
　　　… 半量

❖作り方

1 冷凍えびを解凍する

冷凍えびはぬるま湯に5分浸して解凍し、熱
湯で2分ほどゆでて、水気を切り、スイート
チリソースと和える。

2 作りおきのコールスローと和える

1を作りおきおかずと和える。

3 サンドする

2を食パンでサンドする。ラップで包んでか
らラップごとカットする。

POINT

えびとコールスローがたっぷり入って
ボリューム満点。

POINT

食パンを切るときはラップでしっかり
包んでから半分に切るときれいに切る
ことができます。

実食レポ　具材たっぷりで食べ応えたっぷり。コールスローのマスタードが効い
ています。マスタード好きは追いマスタードしても！(カメラマンI)

台湾風和え麺弁当

台湾風和え麺

台湾風和え麺は、実は名古屋発！
台湾料理で多く使われる五香粉を使うと、グッと台湾の味になります。
このレシピでは市販の中華麺で作りました。よーく混ぜて食べてください。

❖材料（作りやすい分量）

中華麺 … 1玉（180g）
豚ひき肉 … 80g
小ねぎ（小口切り）… 3本
ごま油 … 小さじ3
A | オイスターソース、酒
　　　　　… 各小さじ2
　　　すりおろしにんにく
　　　　　… 小さじ1
　　　五香粉、豆板醤
　　　　　… 各小さじ¼

❖作り方

1 中華麺をゆでる

たっぷり沸かした熱湯に、中華麺をパッケージ表示時間通りにゆでて、流水で洗い、水気を切ってからごま油小さじ1を和える。

2 具を作る

フライパンに残りのごま油小さじ2をひき、中火で豚ひき肉をそぼろ状に炒める。半分ほど火がとおったら、**A**を加えて炒め合わせる。

3 弁当箱に入れる

弁当箱に*1*を入れ、*2*をのせて、小ねぎを散らす。

POINT

ごま油と和えておくことで冷めてもくっつきにくくなります。

一緒につめたもの

●黒酢味たま ⇨ P104

実食レポ　五香粉の香りで現地の気分に！お弁当といいつつもかんたんなので、
休日のお昼などにちょっと作って食べてもよさそう（スタイリストH）

ベトナム風
汁なし和え麺
弁当

ベトナム風汁なし和え麺

ベトナムの和え麺をイメージして作りました。
爽やかな味のソースは別で持っていって
食べる直前にソースを絡め、たっぷりの野菜と一緒に食べてください。

❖材料（1人分）

中華麺 … 1玉(180g)
セロリ … ¼本(20g)
紫玉ねぎ（玉ねぎでも可）
　… ⅙個(30g)
ささみ … 2本
塩、砂糖 … 各ひとつまみ
酒 … 大さじ1
サラダ油 … 小さじ1
ソース
　ナンプラー、レモン汁
　　… 各大さじ1

❖作り方

1 野菜を切る

セロリの茎は2〜3mm幅の斜め薄切り、葉っぱはざく切りにする。玉ねぎは5mm幅の薄切りにする。

2 ささみを加熱する

ささみは塩、砂糖で揉み込み、耐熱ボウルに入れて酒をふりかけ、電子レンジ(600W)で2分半加熱してそのまま冷ます。手でさいておく。

3 麺をゆでる

中華麺はパッケージ表示時間ゆでて、水で洗い、水気を切り、サラダ油で和える。

4 弁当箱につめる

弁当に3、さいたささみ、セロリ、玉ねぎをつめる。別の入れものにソースの調味料を混ぜて入れておき、食べる直前でかける。

POINT

具材と麺は別盛りにして持ってくのがおすすめ。食べる直前によーく混ぜましょう。

POINT

小さなビニール袋にソースを入れ、空気をしっかり入れてからカラーの輪ゴムで口をしっかり閉じると、アジア現地のような即席ソース入れになります。

実食レポ これぞエスニック風冷やし中華！でも、冷やし中華より好み！野菜もたくさん食べられてうれしい〜（編集S）

NOODLES & BREAD : 05

さつま揚げの甘辛うどん弁当

↓

一緒につめたもの

●ピーマンの塩こんぶ
　オイスター ⇨ P116

さつま揚げの甘辛うどん

韓国のおでんやトッポギの中に入っている練り物。
それから発想を得て韓国風のうどんにアレンジしました。
さつま揚げがボリューム満点でおいしいです。

❖ 材料（1人分）

冷凍うどん … 1玉(200g)
さつま揚げ … 100g
玉ねぎ … ¼個(50g)
いりごま(黒)
　… お好みで適量
ごま油 … 小さじ2
A｜オイスターソース
　　… 小さじ2
　　コチュジャン
　　… 小さじ1
　　すりおろしにんにく、
　　砂糖 … 各小さじ½

❖ 作り方

1 材料を切る

さつま揚げは7〜8mm幅の細切りに、玉ねぎは5mm幅の薄
切りにする。

2 うどんをあたためる

冷凍うどんはパッケージ表示時間どおりに、電子レンジ
であたためる。

3 具を炒めて味付けする

フライパンにごま油をひき、中火でさつま揚げ、玉ねぎ
を炒める。玉ねぎがしんなりとしたら、2、Aを加えて、
ほぐしながら炒め合わせる。最後にいりごまを散らす。

実食レポ　辛みがしっかりとあってピリリとおいしいです。食べ応えが
あって◎。ほかの練り物でもよさそうです(カメラマンI)

ホッケンミー
弁当

ホッケンミー

ホッケンミーとは、中国、タイ、マレーシア、シンガポールなどの
幅広い地域で作られている麺料理。色々な味付けが存在しますが、
このレシピはオイスターソースを主役にした味付けに。隠し味はしょうゆです。

❖ 材料（1人分）

冷凍うどん … 1玉(200g)　　　オイスターソース … 大さじ1
豚バラ肉(薄切り) … 50g　　　しょうゆ … 小さじ1
豆苗 … ⅓パック(20g)　　　　ごま油 … 小さじ2
きゃべつ … 50g

❖ 作り方

1 具材を切る

豚肉は4cm幅に、豆苗は3等
分に、きゃべつは3cm大に切
る。

2 うどんをあたためる

冷凍うどんはパッケージ表示
時間どおりに、電子レンジで
あたためる。

3 豆苗以外の具を炒める

フライパンにごま油をひき、中火で豚肉
を炒める。半分ほど火がとおったら、き
ゃべつ、2を加えてほぐしながら炒める。

4 味付けして豆苗を加える

3にオイスターソース、しょうゆで味付
けをしたら、豆苗を加え、サッと炒め合
わせる。

実食レポ　野菜のシャキシャキ感がGOOD。家で食べるときは、半熟
の目玉焼きなどをのせて食べてもおいしそう(カメラマンI)

ミーゴレン弁当

ミーゴレン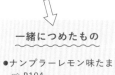

ミーゴレンは、インドネシア風焼きそば。
ケチャップマニスという調味料を使いますが、
このレシピは家にある調味料で作りました。

一緒につめたもの

●ナンプラーレモン味たま
⇨ P104

❖材料（1人分）

冷凍うどん … 1玉(200g)
鶏ひき肉 … 80g
赤パプリカ（ピーマンでも可）
　　… ⅓個(30g)
サラダ油 … 小さじ2
A｜ナンプラー、ケチャップ
　｜　… 各小さじ2
　｜豆板醤 … 小さじ¼

❖作り方

1 パプリカを切る

パプリカは1.5cmの角切りにする。

2 うどんをあたためる

冷凍うどんはパッケージ表示時間どおりに、
電子レンジであたためる。

3 具材を炒めて味付けする

フライパンに油をひき、中火で鶏肉を炒める。
半分ほど火がとおったら、パプリカを炒めて、
しんなりとしたら2のうどん、Aを加えて、
ほぐしながら炒め合わせる。

実食レポ ケチャップが入っているからか、見た目よりもやさしい辛さ。冷凍
うどんは冷めてもモチモチで満足度高いです（カメラマンI）

韓国風
BLTサンド
弁当

韓国風 BLT サンド

韓国の屋台サンドをイメージした、BLT サンドです。
コチュジャンとマヨネーズをパンに塗ることで野菜の水分が
パンにしみません。ベーコンがない場合はロースハムでも OK です!

❖材料（1人分）

食パン … 2枚（8枚切り）
ベーコン（薄切り）… 5枚（40g）
レタス … 葉1枚（20g）
トマト … 輪切り1枚（30g）
A｜マヨネーズ … 大さじ1
　｜コチュジャン … 小さじ1

❖作り方

1 ベーコンを切る

ベーコンを食べやすい大きさにちぎる。

2 ベーコンを焼く

フライパンにサラダ油小さじ1（分量外）をひき、
中火でベーコンの両面を焼き、粗熱をとる。

3 パンに具をサンドする

食パン2枚とも片面にAを塗り、レタス、ベー
コン、トマトをのせて、サンドする。ラップで
しっかり包んでからラップごとカットする。

実食レポ　コチュジャンのひとアクセントがよい！マヨネーズが辛さをマイルド
にしてくれています。普通のBLTサンドより好き（スタイリストH）

NOODLES & BREAD : 09
バインミー弁当

バインミー ★

バインミーは、ベトナムではパンという意味です。
柔らかめの小さなフランスパンに
具を挟んだサンドイッチを指します。
作りおきのなますを使って作りました。

上 ポークレモンバインミー

❖材料（1人分）

柔らかめのフランスパン … 1個
豚こま切れ肉 … 80g
パクチー … お好みで適量
サラダ油 … 小さじ2
A 鷹の爪（輪切り・たねなし） … ½本
　　　レモン汁、ナンプラー … 各小さじ1
作りおきおかず
　にんじんのなます（P111）… 10g

❖作り方

1 豚肉を炒めて味付けする

フライパンに油をひき、中火で豚肉を炒める。半分ほど火がとおったら、**A**を加えて炒め合わせる。

2 パンにサンドする

パンに切り込みを入れて、**作りおきおかず**、粗熱をとった**1**、パクチーの順に挟む。

下 サバのカレーバインミー

❖材料（1人分）

柔らかめのフランスパン … 1個
サバの切り身 … 1切れ（100g）
薄力粉 … 小さじ1
カレー粉 … 小さじ½
塩 … ひとつまみ
オリーブオイル … 大さじ1
作りおきおかず
　にんじんのなます（P111）… 10g

❖作り方

1 サバを下準備する

サバは塩をふり2〜3分置く。余分な水分をキッチンペーパーでふきとり、カレー粉ををまぶして、表面に薄力粉をまぶす。

2 サバを焼く

フライパンにオリーブオイルをひき、中火で**1**を両面2分ずつカリッと焼く。

3 パンにサンドする

パンに切り込みを入れて、**作りおきおかず**、粗熱をとり、食べやすい大きさに切った**2**を挟む。

POINT

今回はサンドイッチ用の小さめのフランスパンを使いました。柔らかめのフランスパンを適当な大きさに切って使ったり、小さめのコッペパンでもよいでしょう。

実食レポ 作りおきのなますが大きめでザクザクと食べ応えがあってよいです！
サバのカレーバインミーにもパクチー入れても◎（カメラマンI）

おいしさ長持ち
お弁当調理のコツ3

冷めても
おいしく食べる
コツを
お教えします

コツ1

余分な油は調理中に
しっかりふこう

調理中にでる余分な油はキッチンペーパーでしっかりふきましょう。冷めて油っぽくなるのを防ぐことができますし、具材に味が染みやすくなるので、冷めてもおいしさがキープします。

コツ2

ハーブは冷めてから
加えると香りが長持ち

ハーブは熱を入れすぎると香りが飛んでしまいます。一旦火をとめ、冷めてから加えると、お弁当箱をあけるときまで香りが長持ち。また、包丁を使うより手でちぎったほうが香りが立ちます。

コツ3

肉や魚は
焼きすぎない

肉や魚は焼きすぎると、食材の持つ水分が飛んでしまってどうしても身が固くなってしまったり、パサついたりしてしまいます。中まで火をとおすことは衛生上大事ですが、焼きすぎにも注意。

CHAPTER 4

作りおきできる

ゆる

エスニック
副菜

❖ MEAL PREP ❖

作りおきの注意点

◇ 清潔な保存容器を使って保存しましょう。

◇ しっかりと冷ましてから蓋をして冷蔵庫にうつしましょう。

◇ 水分があるものは水分ごと保存して、
　お弁当をつめる際に水気をしっかり切りましょう。

◇ 保存日数は、気温や冷蔵庫内の温度、食材の状況、
　季節などの環境によって異なりますので、あくまで目安です。

味たまの作りおき

ナンプラー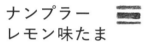レモン味たま

保存日数：冷蔵で 3 ～ 4 日

❖ 材料（たまご 4 個分）

ゆでたまご … 4個
水 … 大さじ4
ナンプラー … 大さじ1
レモン汁 … 小さじ1

❖ 作り方

1 たまごが浸かるほどの熱湯を沸かして、塩ひとつまみ（分量外）を入れて、8分ゆでて、氷水に冷やして殻をむく。

2 ポリ袋に全材料を入れて、ひと晩漬け込む。

黒酢味たま

保存日数：冷蔵で 3 ～ 4 日

❖ 材料（たまご 4 個分）

ゆでたまご … 4個
水、黒酢 … 各大さじ2
しょうゆ … 小さじ2
砂糖 … 小さじ1

❖ 作り方

1 たまごが浸かるほどの熱湯を沸かして、塩ひとつまみ（分量外）を入れて、8分ゆでて、氷水に冷やして殻をむく。

2 ポリ袋に全材料を入れて、ひと晩漬け込む。

コチュジャン 味たま

保存日数：冷蔵で 3 〜 4 日

❖ 材料（たまご 4 個分）

ゆでたまご … 4個
コチュジャン、しょうゆ
　… 各大さじ2
ごま油、酢 … 各小さじ2

❖ 作り方

1 たまごが浸かるほどの熱湯を沸かして、塩ひとつまみ（分量外）を入れて、8分ゆでて、氷水に冷やして殻をむく。

2 ポリ袋に全材料を入れて、ひと晩漬け込む。

スイチリ味たま

保存日数：冷蔵で 3 〜 4 日

❖ 材料（たまご 4 個分）

ゆでたまご … 4個
スイートチリソース … 大さじ3
ケチャップ … 大さじ1

❖ 作り方

1 たまごが浸かるほどの熱湯を沸かして、塩ひとつまみ（分量外）を入れて、8分ゆでて、氷水に冷やして殻をむく。

2 ポリ袋に全材料を入れて、ひと晩漬ける。

たまご焼きの作りおき

カイチアオ風 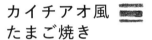 たまご焼き

保存日数：冷蔵で2〜3日

❖ **材料**（12 × 18cmの
  たまご焼き器1回分）

たまご … 2個
桜えび … 大さじ1(5g)
ナンプラー … 小さじ1
砂糖 … 小さじ½

❖ **作り方**

1 ボウルに全材料を混ぜる。

2 たまご焼き器にサラダ油少量（分量
  外）をひき、*1*を3回に分けて入れて、
  たまご焼きを作る。

> カイチアオとはタイでは、たま
> ごを揚げて作るオムレツのこと。
> たまご焼きにアレンジ！

ザーサイの たまご焼き

保存日数：冷蔵で2〜3日

❖ **材料**（12 × 18cmの
  たまご焼き器1回分）

たまご … 2個
ザーサイ（味付き）… 20g
オイスターソース … 小さじ2

❖ **作り方**

1 ボウルに全材料を混ぜる。

2 たまご焼き器にサラダ油少量（分量
  外）をひき、*1*を3回に分けて入れて、
  たまご焼きを作る。

ニラのごま油  たまご焼き

❖ 材料（12 × 18cmの
　　たまご焼き器 1 回分）

たまご … 2個
ニラ … 2本(20g)
しょうゆ … 小さじ1
みりん、ごま油 … 各小さじ½

❖ 作り方

1 ニラは2cm幅に切る。

2 ボウルに全材料を混ぜる。

3 たまご焼き器にごま油少量（分量
　　外）をひき、2を3回に分けて入れて、
　　たまご焼きを作る。

ポパイカリー たまご焼き

❖ 材料（12 × 18cmの
　　たまご焼き器 1 回分）

たまご … 2個
ほうれん草 … 1本(20g)
カレー粉 … 小さじ½
ピザ用チーズ … 10g
塩 … 少々

❖ 作り方

1 ほうれん草は2cm幅に切る。

2 ボウルに全材料を混ぜる。

3 たまご焼き器にサラダ油少量（分量
　　外）をひき、2を3回に分けて入れて、
　　たまご焼きを作る。

ポテサラの作りおき

パクチーポテサラ

保存日数：冷蔵で3〜4日

❖材料（3〜4回分）

じゃがいも … 2個（300g）
パクチー … 1束（10g）
A ┃ マヨネーズ … 大さじ2
  ┃ スイートチリソース … 大さじ1

❖作り方

1 じゃがいもは皮をむき、6等分に切る。水に濡らして、耐熱ボウルに入れて、電子レンジ（600W）で5分加熱する。あたたかいうちにヘラで潰す。

2 パクチーは手で細かくちぎっておく。

3 1の粗熱がとれたら、パクチー、A と混ぜる。

台湾風ザーサイポテサラ

保存日数：冷蔵で4〜5日

❖材料（3〜4回分）

じゃがいも … 2個（300g）
ザーサイ（市販） … 30g
マヨネーズ … 大さじ2
オイスターソース、ごま油
　 … 各小さじ1

❖作り方

1 じゃがいもは皮をむき、6等分に切る。水に濡らして、耐熱ボウルに入れて、電子レンジ（600W）で5分加熱する。あたたかいうちにヘラで潰す。

2 ザーサイは粗めのみじん切りにする。

3 1の粗熱がとれたら、全材料を混ぜる。

フムスはひよこ豆をベースに作ったディップソース。ひよこ豆をじゃがいもに合わせて、アレンジ！

キムチクリチ ポテサラ

保存日数：冷蔵で 3 〜 4 日

❖材料（3〜4回分）

じゃがいも … 2個（300g）
白菜キムチ（市販）… 50g
クリームチーズ … 2キューブ（約32g）
塩 … 小さじ¼

❖作り方

1 じゃがいもは皮をむき、6等分に切る。水に濡らして、耐熱ボウルに入れて、電子レンジ（600W）で5分加熱する。あたたかいうちにヘラで潰す。

2 1の粗熱がとれたら、全材料を混ぜる。

フムス風ポテサラ

保存日数：冷蔵で 3 〜 4 日

❖材料（3〜4回分）

じゃがいも … 1個（150g）
ひよこ豆（チルド）… 1パック（50g）
※なければ大豆の水煮で代用可！
マヨネーズ … 大さじ2
レモン汁 … 小さじ1
すりおろしにんにく、塩 … 各小さじ¼

❖作り方

1 じゃがいもは皮をむき、6等分に切る。水に濡らして、耐熱ボウルに入れて、電子レンジ（600W）で5分加熱する。あたたかいうちにひよこ豆と一緒にヘラで潰す。

2 1の粗熱がとれたら、全材料を混ぜる。

にんじんの作りおき

にんじんの ソムタム風

保存日数：冷蔵で 6 〜 7 日

❖ 材料（3 〜 4 回分）

にんじん … 1本(150g)
桜えび … 大さじ1
鷹の爪（輪切り・タネなし）… 1本
塩 … 少々
ナンプラー、レモン汁 … 各小さじ2
砂糖 … 小さじ1

❖ 作り方

1 にんじんは千切りにして塩で揉み、しっかりと水気を切る。

2 ボウルに全材料を和える。

> ソムタムとは、タイの青パパイヤの
> サラダ。にんじんでアレンジ！

にんじんの 韓国のりナムル

保存日数：冷蔵で 6 〜 7 日

❖ 材料（3 〜 4 回分）

にんじん … 1本(150g)
韓国のり（なければおにぎり用
　のり1枚でも可）… 8〜10枚
ごま油、しょうゆ、酢 … 各小さじ1
塩 … ひとつまみ

❖ 作り方

1 にんじんは縦半分に切ってから2〜3mm幅の斜め切りにし、塩で揉み、しっかりと水気を切る。

2 ボウルに韓国のりをちぎり、1、残りの材料を和える。

にんじんの
ガリラー油きんぴら

❖ 材料（3〜4回分）

にんじん … 1本(150g)
ごま油 … 小さじ2
A ｜ 塩 … 小さじ⅓
　　すりおろしにんにく … 小さじ1
　　ラー油 … 小さじ½

❖ 作り方

1 にんじんは2〜3mm厚のいちょう切りにする。

2 フライパンにごま油をひき、中火でにんじんを炒める。しんなりとしてきたら、Aを加えて炒め合わせる。

にんじんのなます ⭐

❖ 材料（3〜4回分）

にんじん … 1本(150g)
塩 … ひとつまみ
A ｜ 酢、ナンプラー … 各小さじ2
　　砂糖 … 小さじ½

❖ 作り方

1 にんじんは3〜4mm幅の細切りにする。

2 ボウルににんじん、塩を揉み、しっかりと水気を切る。

3 ボウルにAと2を入れて揉み込む。

大根を少し入れるとさらに本格的になります。

小松菜の作りおき

小松菜の おかかナンプラー

保存日数：冷蔵で 3 〜 4 日

❖ 材料（3 〜 4 回分）

小松菜 … 3束（150g）
かつお節 … 2パック（4g）
ナンプラー … 小さじ1

❖ 作り方

1 小松菜は3〜4cmの長さに切る。

2 耐熱ボウルに小松菜、ナンプラーを入れて混ぜる。ラップをして、電子レンジ（600W）で2分加熱する。最後にかつお節を和える。

小松菜のごま油浸し

保存日数：冷蔵で 3 〜 4 日

❖ 材料（3 〜 4 回分）

小松菜 … 3束（150g）
A ごま油、しょうゆ、みりん … 各小さじ1

❖ 作り方

1 小松菜は3〜4cmの長さに切る。

2 耐熱ボウルに小松菜、Aを入れて混ぜる。ラップをして、電子レンジ（600W）で2分加熱する。

マムトムは海老を発酵させた調味料。海老が味のポイントなので、桜えびと発酵調味料のナンプラーで代用しました！

小松菜のマムトム 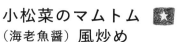（海老魚醤）風炒め

保存日数：冷蔵で3〜4日

❖ 材料（3〜4回分）

小松菜 … 3束(150g)
A｜桜えび … 大さじ1(5g)
　｜ナンプラー … 小さじ1
　｜砂糖 … 小さじ½

❖ 作り方

1 小松菜は3〜4cmの長さに切る。

2 耐熱ボウルに小松菜、Aを入れて混ぜる。ラップをして、電子レンジ(600W)で2分加熱する。

小松菜の酢こしょう和え

保存日数：冷蔵で3〜4日

❖ 材料（3〜4回分）

小松菜 … 3束(150g)
A｜黒酢 … 大さじ1
　｜黒こしょう … 小さじ½
　｜ごま油、オイスターソース
　｜　… 各小さじ1

❖ 作り方

1 小松菜は3〜4cmの長さに切る。

2 耐熱ボウルに小松菜、Aを入れて、ラップをして混ぜる。電子レンジ(600W)で2分加熱する。

ブロッコリーの作りおき

ブロッコリーの レンジ炒め

保存日数：冷蔵で4〜5日

❖ 材料（3〜4回分）

ブロッコリー … 1株(230g)
長ねぎ … ⅓本(25g)
みそ … 大さじ1
酢、ごま油 … 各小さじ2

❖ 作り方

1 ブロッコリーは小房に分け、ねぎは
1〜2mm厚の斜め薄切りにする。

2 ブロッコリーを水にサッと濡らして、
耐熱ボウルにねぎと入れ、ラップを
して、電子レンジ(600W)で3分半
加熱し、水気を切る。

3 ボウルに全材料を入れて和える。

ブロッコリーの ガーリック蒸し

保存日数：冷蔵で6〜7日

❖ 材料（3〜4回分）

ブロッコリー … 1株(230g)
にんにく … 1片
ナンプラー、酒 … 各大さじ1

❖ 作り方

1 ブロッコリーは小房に分け、にんに
くは薄切りにする。

2 フライパンに全材料を入れて、フタ
をして、5分ほど弱めの中火で蒸す。

ブロッコリーの
胡麻キムチ和え

保存日数：冷蔵で6〜7日

❖材料（3〜4回分）

ブロッコリー … 1株(230g)
白菜キムチ(市販) … 100g
すりごま(白) … 小さじ2

❖作り方

1 ブロッコリーは小房に分ける。

2 ブロッコリーを水にサッと濡らして、耐熱ボウルに入れ、ラップをして、電子レンジ(600W)で3分半加熱し、水気を切る。

3 ボウルに全材料を入れて和える。

ブロッコリーの
パクチージェノベーゼ

保存日数：冷蔵で6〜7日

❖材料（3〜4回分）

ブロッコリー … 1株(230g)
パクチー … 1束(20g)
粉チーズ … 小さじ1
すりおろしにんにく、塩 … 各小さじ¼
オリーブオイル … 大さじ2

❖作り方

1 ブロッコリーは小房に分け、パクチーはみじん切りにする。

2 ブロッコリーを水にサッと濡らして、耐熱ボウルに入れ、ラップをして、電子レンジ(600W)で3分半加熱し、水気を切る。

3 ボウルに全材料を入れて和える。

ピーマンの作りおき

ピーマンガパオ

保存日数：冷蔵で6〜7日

❖材料（3〜4回分）

ピーマン … 1袋（4〜5個）
バジル … 6枚
サラダ油 … 小さじ2
A｜ナンプラー … 小さじ2
　｜オイスターソース … 小さじ1

❖作り方

1 ピーマンはタネをとって、5mm幅の薄切りにする。

2 フライパンに油をひき、中火でピーマンを炒める。しんなりとしたら、Aを加えて味付けをして、最後にバジルをちぎって和える。

> ガパオはバジルの意味。和風になりますが、大葉で代用も可能です。

ピーマンの塩こんぶオイスター

保存日数：冷蔵で6〜7日

❖材料（3〜4回分）

ピーマン … 1袋（4〜5個）
塩こんぶ … 大さじ1（3g）
オイスターソース … 小さじ2
バター … 10g

❖作り方

1 ピーマンはタネをとり、1.5cmの角切りにする。

2 フライパンにバターを溶かして、中火でピーマン、塩こんぶを炒める。しんなりとしたら、オイスターソースを加えて味付けする。

ピーマンのサテトム ★

保存日数：冷蔵で6〜7日

ピーマンのテルダーラ

保存日数：冷蔵で6〜7日

❖ 材料（3〜4回分）

ピーマン … 1袋(4〜5個)
桜えび … 大さじ1(5g)
しょうゆ、ごま油 … 各小さじ2
ラー油 … 小さじ½

❖ 材料（3〜4回分）

ピーマン … 1袋(4〜5個)
かつお節 … 1パック(2g)
しょうゆ … 小さじ1
カレー粉 … 小さじ¼
サラダ油 … 小さじ2

❖ 作り方

1 ピーマンはタネをとり、2〜3mm幅
の薄切りにする。

2 フライパンにごま油をひき、中火で
ピーマンと桜えびを炒める。しんな
りとしたら、しょうゆとラー油を加
えて味付けする。

❖ 作り方

1 ピーマンはタネをとり、5〜7mm厚
の輪切りにする。

2 フライパンに油をひき、中火でピー
マンを炒める。しんなりとしたら、
しょうゆ、カレー粉を加えて味付け
する。火をとめて、かつお節を散ら
す。

ごぼうの作りおき

ごぼうのポン酢ナンプラー漬け

保存日数：冷蔵で 6 〜 7 日

❖ 材料（3 〜 4 回分）

ごぼう … 大1本（150g）
鷹の爪（種なし・輪切り）… 1本
ポン酢しょうゆ … 大さじ3
ナンプラー … 大さじ1

❖ 作り方

1 ごぼうは皮をそぎ、2〜3mm幅の斜め切りにして、たっぷり沸かした熱湯に3分ゆでて、粗熱をとる。

2 保存容器に全材料を入れて、冷蔵庫で1時間以上浸す。

ごぼうのしょうが炒め

保存日数：冷蔵で 6 〜 7 日

❖ 材料（3 〜 4 回分）

ごぼう … 大1本（150g）
しょうが … 2片（20g）
オイスターソース … 大さじ1と½
サラダ油 … 小さじ2

❖ 作り方

1 ごぼうは皮をそぎ、1cm幅の小口切りにして、水に5分ほどさらして、水気を切る。しょうがは千切りにする。

2 フライパンに油をひき、中火でごぼうを炒める。ごぼうに焼き色が付いたら、しょうが、オイスターソースを入れて、味が全体になじむまで炒める。

ガドガドはサラダ料理で、「ごちゃ混ぜ」という意味。バターピーナッツを使って風味を演出しました。

ごぼうの
ヤンニョムきんぴら

❖ 材料（3〜4回分）

ごぼう … 大1本(150g)
いりごま(黒)… 適量
ごま油 … 小さじ2
A｜ コチュジャン、ケチャップ
　　… 各小さじ2
　｜ しょうゆ … 小さじ1

❖ 作り方

1 ごぼうは皮をそぎ、千切りにして、水に5分ほどさらし、水気を切る。

2 フライパンにごま油をひいて、中火で1を炒める。焼き色がついたらAを加えて炒め合わせ、いりごまを散らす。

ごぼうのガドガド風

❖ 材料（3〜4回分）

ごぼう … 大1本(150g)
A｜ バターピーナッツ … 10粒
　｜ みそ … 小さじ2
　｜ 砂糖 … 小さじ1
　｜ しょうゆ、レモン汁 … 各小さじ½

❖ 作り方

1 ごぼうは皮をそぎ、4〜5cmの長さに切り、縦4等分に切る。バターピーナッツはみじん切りにする。

2 たっぷり沸かした熱湯でごぼうを4分ほどゆでて、水気を切り、Aと和える。

きゃべつの作りおき

きゃべつの 七味ナンプラー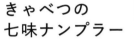

保存日数：冷蔵で 6 〜 7 日

❖ 材料 （ 3 〜 4 回分）

きゃべつ … 葉3枚（150g）
しょうが(すりおろし) … 小さじ1
ナンプラー … 小さじ2
七味とうがらし … 小さじ¼

❖ 作り方

1 きゃべつは3cm大に切る。

2 ポリ袋に全材料を入れて揉み込む。

きゃべつの 辛メンマ和え

保存日数：冷蔵で 6 〜 7 日

❖ 材料 （ 3 〜 4 回分）

きゃべつ … 葉3枚（150g）
メンマ(市販) … 20g
オイスターソース … 大さじ1
黒こしょう … 少々

❖ 作り方

1 きゃべつは1cmの太めの細切りにする。

2 ポリ袋に全材料を入れて揉み込む。

きゃべつの スイチリコールスロー ⭐

❖材料（3 〜 4 回分）

きゃべつ … 葉3枚(150g)
スイートチリソース … 大さじ1
粒マスタード、マヨネーズ … 各小さじ1

❖作り方

1 きゃべつは千切りにする。塩少々（分量外）をふり揉み、水気がでてきたら切る。

2 ボウルに全材料を入れて和える。

千切りきゃべつは作りおきしていると、水分がでてくるので、味が薄くなったらスイートチリソース、マヨネーズを小さじ1ずつ足してください。

きゃべつの サムジャン風和え

❖材料（3 〜 4 回分）

きゃべつ … 葉3枚(150g)
A　みそ … 小さじ2
　　コチュジャン、ごま油 … 各小さじ1

❖作り方

1 きゃべつは3cm大に切る。

2 全材料をポリ袋に入れて、揉み込む。

サムジャンとは大豆を発酵した甘辛いソースで、コチュジャンよりみそのような風味が強いので、日本のみそを多く使って再現。

もやしの作りおき

もやしのアチャール ▨
（甘酢漬け）

保存日数：冷蔵で3〜4日

❖ 材料（3〜4回分）

もやし … 1パック（200g）

A 鷹の爪（種なし・輪切り）…1本
　 酢 … 大さじ2
　 砂糖 … 小さじ½
　 塩 … 小さじ⅓

❖ 作り方

1 もやしを耐熱ボウルに入れてラップをし、電子レンジ（600W）で2分ほど加熱して、汁気をしっかり切る。

2 *1*があたたかい状態でAと和える。

> アチャールとは、インド風漬物、辛さと酸味が特徴的です。

もやしの ❀
オイスター五香粉

保存日数：冷蔵で3〜4日

❖ 材料（3〜4回分）

もやし … 1パック（200g）
オイスターソース … 大さじ1
しょうゆ … 小さじ1
五香粉 … 小さじ¼

❖ 作り方

1 もやしを耐熱ボウルに入れてラップをし、電子レンジ（600W）で2分ほど加熱して、汁気をしっかり切る。

2 残りの材料を加えて和える。

もやしの梅ナムル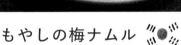

❖ 材料（3〜4回分）

もやし … 1パック（200g）
A　梅干し（種なし）… 1個分
　　しょうゆ、ごま油 … 各小さじ1

❖ 作り方

1 もやしを耐熱ボウルに入れてラップ
をし、電子レンジ（600W）で2分ほ
ど加熱して、汁気をしっかり切る。

2 梅干しは実を叩き切る。

3 1にAを加えて和える。

もやしのタイ風ペペロン

❖ 材料（3〜4回分）

もやし … 1パック（200g）
鷹の爪（種なし・輪切り）… ½本
ナンプラー … 小さじ1と½
すりおろしにんにく、オリーブオイル
　… 各小さじ1
黒こしょう … お好みで少々

❖ 作り方

1 もやしを耐熱ボウルに入れてラップ
をし、電子レンジ（600w）で2分ほ
ど加熱して、汁気をしっかり切る。

2 黒こしょう以外の残りの材料を加え
て和える。お好みで黒こしょうを振
る。

きのこの作りおき

きのこ類の表面をサッと水で濡らすのは、乾燥防止のためです。

しめじの エスニックアヒージョ

保存日数：冷蔵で5〜6日

❖ 材料（2〜3回分）

しめじ … 1パック（100g）

A | 鷹の爪（種なし・輪切り）… ½本
すりおろしにんにく、
ナンプラー … 各小さじ1
オリーブオイル … 小さじ2

❖ 作り方

1 しめじは石づきをとってほぐす表面を水でサッと濡らし、耐熱ボウルに入れて、ラップをし、電子レンジ（600W）で2分加熱して粗熱をとる。

2 1の水気を切り、Aと和える。

しいたけの中華風 辛子しょうゆ

保存日数：冷蔵で3〜4日

❖ 材料（2〜3回分）

しいたけ … 4個（100g）

A | しょうゆ、砂糖 … 各小さじ½
からし … 小さじ¼

❖ 作り方

1 しいたけは、カサを4等分に切り、軸は2〜3mm幅の薄切りにする。

2 しいたけの表面を水でサッと濡らし、耐熱ボウルに入れて、ラップをし、電子レンジ（600W）で1分半加熱して粗熱をとる。

3 2の水気を切り、Aと和える。

エリンギの
スイチリバター

保存日数：冷蔵で2〜3日

❖材料（2〜3回分）

エリンギ … 1パック（100g）
スイートチリソース … 大さじ1
バター … 5g

❖作り方

1 エリンギは小さめの乱切りにする。

2 エリンギの表面を水でサッと濡らし、
耐熱ボウルに入れて、ラップをし、
電子レンジ（600W）で1分半加熱して、
水気を切り、バターと和え、粗熱を
とる。

3 スイートチリソースを加えて味付け
する。

まいたけのヤムヘッド ☰

保存日数：冷蔵で5〜6日

❖材料（2〜3回分）

まいたけ … 1パック（100g）
A ｜ ナンプラー、レモン汁 … 各小さじ1
｜ 豆板醤 … 小さじ¼

❖作り方

1 まいたけは手で食べやすい大きさに
ほぐす。

2 耐熱ボウルに*1*を入れて、ラップを
して、電子レンジ（600W）で2分加
熱する。

3 *2*の水気を切り、**A**と和える。

「ヤム」＝和える、「ヘッド」＝
きのこという意味です。お好
きなきのこで作れます！

はるさめの作りおき

チャプチェとは韓国のはるさめ炒めのこと。今回は和えるだけにアレンジ！

ツナの黒こしょう はるさめ

保存日数：冷蔵で 3 〜 4 日

❖材料（3 〜 4 回分）

ツナ缶(オイル漬け) … 1缶(70g)
緑豆はるさめ … 40g
A｜しょうゆ、酢 … 各小さじ2
　｜黒こしょう … 小さじ½

❖作り方

1 はるさめは熱湯で3〜4分ほどゆでて、水でサッと洗い、水気をしっかりと切る。

2 ツナ缶の汁気を切る。

3 ボウルに全材料を和える。

ツナは水煮缶でもOK。その場合はごま油を少し入れてください。

ハムのチャプチェ

保存日数：冷蔵で 3 〜 4 日

❖材料（3 〜 4 回分）

ロースハム … 4枚
緑豆はるさめ … 40g
しょうゆ … 小さじ2
コチュジャン、ごま油 … 各小さじ1
いりごま(白) … お好みで適量

❖作り方

1 ロースハムは7〜8㎜幅の短冊切りにする。

2 はるさめは熱湯で3〜4分ほどゆでて、水でサッと洗い、水気をしっかりと切る。

3 ボウルに全材料を和える。

「ヤム」＝和える、「ウンセン」＝はるさめという意味の、タイ風はるさめサラダです。魚介をたくさん入れて作ることが多いですが、今回は桜えびでお手軽に。

ヤムウンセン

保存日数：冷蔵で3〜4日

❖材料（3〜4回分）

桜えび … 大さじ2(10g)
緑豆はるさめ … 40g
きゅうり … ⅓本(30g)
スイートチリソース … 大さじ1
ナンプラー … 小さじ1

❖作り方

1 きゅうりは2mm幅の細切りにする。

2 はるさめは熱湯で3〜4分ほどゆでて、水でサッと洗い、水気をしっかりと切る。

3 ボウルに全材料を和える。

ミエンサオクア 🎖
（かにのはるさめ炒め）

保存日数：冷蔵で3〜4日

ベトナムのかにのはるさめ炒めをかに風味かまぼこを使ってサラダにアレンジ！

❖材料（3〜4回分）

かに風味かまぼこ … 3本
小ねぎ … 3本
緑豆はるさめ … 40g
オイスターソース、しょうゆ、ごま油 … 各小さじ2

❖作り方

1 かに風味かまぼこは手で大きめにさく、小ねぎは3〜4cmの長さに切る。

2 はるさめは熱湯で3〜4分ほどゆでて、水でサッと洗い、水気をしっかりと切る。

3 ボウルに全材料を和える。

エダジュン

料理研究家、管理栄養士。管理栄養士取得後、株式会社スマイルズ入社。SoupStockTokyoの本部業務に携わったのち、料理研究家として独立。お手軽アジアごはんやパクチーを使ったレシピが得意。不定期で料理教室も開催している。
著書に『できるだけうちにある調味料で作る！エスニックつまみとごはん』（主婦と生活社）、『ほぼ10分でアジアのスープ』（誠文堂新光社）など多数。
「パクチーボーイ」の名義でも活動中。

HP
https://edajun.com

Instagram
@ edajun

YouTube
「エダジュンのアジアごはん。」
@ edajun

- - - - - - - - - - - - - - - - - - -

STAFF

Photo
市瀬真以

Styling
本郷由紀子

Design
高津康二郎（ohmae-d）

Cooking assistance
栗波三和子
藤崎千尋

Proofreading
菅野ひろみ

Edit
庄司美穂（グラフィック社）

なじみの食材＆調味料でかんたん

朝10分で
ゆるエスニック弁当

2024年2月25日　初版第1刷発行

著　者　エダジュン
発行者　西川正伸
発行所　株式会社グラフィック社
　　　　〒102-0073
　　　　東京都千代田区九段北1-14-17
　　　　TEL 03-3263-4318（代表）
　　　　　　03-3263-4579（編集部）
　　　　FAX 03-3263-5297
　　　　https://www.graphicsha.co.jp/
印刷・製本　図書印刷株式会社